ULTIME LETTERE

DI

JACOPO ORTIS,

TRATTE DAGLI AUTOGRAFI.

—— Naturæ clamat ab ipso
Vox tumulo.

———*———

IN MILANO,

E si trova in Parigi appresso L. Teofilo Barrois,
Librajo, quai Voltaire, n° 11.

1815.

ULTIME

LETTERE

DI

JACOPO ORTIS.

AL LETTORE.

Pubblicando queste lettere, io tento di erigere un monumento alla virtù sconosciuta, e di consecrare su le memorie del mio solo amico quel pianto che ora mi si vieta di spargere su la sua sepoltura.

E tu, o Lettore, se uno non sei di coloro che esigono dagli altri quell'eroismo di cui non sono eglino stessi capaci, darai, spero, la tua compassione al giovine infelice dal quale potrai forse trarre esempio e conforto.

Lorenzo A***.

ULTIME LETTERE

DI

JACOPO ORTIS.

Da' colli Euganei, 11 ottobre 1797.

Il sacrificio della nostra patria è consumato : tutto è perduto ; e la vita, se pure
ne verrà concessa, non ci resterà che per
piangere le nostre sciagure, e le nostre in-
famie. Il mio nome è nella lista di proscri-
zione, lo so : ma vuoi tu ch'io per salvarmi
da chi m'opprime mi commetta a chi mi ha
tradito ? Consola mia madre : vinto dalle sue
lagrime l'ho ubbidita, e ho lasciato Venezia per evitare le prime persecuzioni, e le
più feroci. Ma dovrò io abbandonare anche
questa mia solitudine antica, dove, senza
perdere per sempre il mio sciagurato paese

1

posso ancora sperare qualche giorno di pace?
Tu mi fai raccapricciare, Lorenzo... quanti
infelici! E noi, pur troppo, noi stessi Italiani ci laviamo le mani nel sangue degl'Italiani. Per me segua che può. Poichè ho dis-
perato e della mia patria e di me stesso,
aspetto tranquillamente la prigione e la
morte. Il mio cadavere almeno non cadrà
fra braccia straniere; il mio nome sarà sommessamente compianto dai pochi uomini
buoni, compagni delle nostre miserie; e
le mie ossa poseranno su la terra de' miei
padri.

13 ottobre.

Ti scongiuro, Lorenzo; non insistere più.
Ho deliberato di non allontanarmi da questi
colli. È vero ch'io aveva promesso a mia
madre di rifuggirmi in qualche altro paese;
ma non mi è bastato il cuore: e mi perdo-
nerà, spero. Merita poi questa vita di essere
conservata con la viltà, e con l'esilio? Oh
quanti de' nostri concittadini gemeranno
pentiti, lontani dalle loro case!... perchè....

e che potremo aspettarci noi fuorchè indigenza e disprezzo, o al più, breve e sterile
compassione, solo conforto che le nazioni
incivilite offrono al profugo straniero? Ma
dove cercherò asilo? in Italia? infelice terra!
premio sempre della vittoria. Potrò io vedermi dinanzi gli occhi coloro che ci hanno
spogliati, derisi, venduti, e non piangere
d'ira? Devastatori de' popoli, si servono
della libertà come i Papi si servivano delle
crociate. Ahi? sovente disperando di vendicarmi mi caccerei un coltello nel cuore
per versare tutto il mio sangue fra le ultime
strida della mia patria.

E questi altri?... hanno comperato la
nostra schiavitù, racquistando con l'oro
quello che stolidamente e vilmente hanno
perduto con le armi. — Davvero ch'io somi-
glio un di quegli infelici che spacciati morti
furono sepolti vivi, e che poi rinvenuti, si
sono trovati nel sepolcro fra le tenebre e
gli scheletri, certi di vivere, ma disperati
del dolce lume della vita, e costretti a morire fra le bestemmie e la fame. E perchè
farci vedere e sentire la libertà, e poi ritor-
cela per sempre.... e infamemente?

O r via, non se ne parli più : la burrasca pare acquetata; se tornerà il pericolo, rassicurati, tenterò ogni via di scamparne. Del resto io vivo tranquillo per quanto si può.... tranquillo. Non vedo persona del mondo : vo sempre vagando per la campagna; ma a dirti il vero penso, e mi rodo. Mandami qualche libro.

Che fa Lauretta? la povera fanciulla!... io l'ho lasciata fuori di se. Bella e giovine ancora ella ha inferma la ragione, e il cuore infelice.... infelicissimo. Io non l'ho amata; ma fosse compassione o riconoscenza per avere ella scelto me solo consolatore del suo stato, versandomi nel petto tutta la sua anima e i suoi errori e i suoi martirj... davvero ch'io l'avrei fatta volontieri compagna di tutta la mia vita. La sorte non ha voluto; meglio così, forse. Ella amava Eugenio, e l'è morto fra le braccia. Suo padre e i suoi fratelli hanno dovuto fuggire la loro patria, e quella povera famiglia destituta di ogni umano soccorso è restata a vivere, chi sa

come!... di pianto. Eccoti, o rivoluzione,
un' altra vittima. Sai, ch' io ti scrivo, o Lorenzo, piangendo come un ragazzo?... —
pur troppo! ho avuto sempre a che fare con
degli scellerati, e le poche volte che ho in-
contrata la virtù ho dovuto sempre compiangerla. Addio addio.

18 ottobre.

MICHELE mi ha recato il Plutarco, e te
ne ringrazio. Mi disse che con altra occasione m'invierai qualche altro libro; per
ora basta. Col divino Plutarco potrò consolarmi de' delitti e delle sciagure dell' umanità volgendo gli occhi ai pochi Illustri che
quasi Primati dell' uman genere sovrastano
a tanti secoli e a tante genti. Temo per altro
che spogliandoli della magnificenza storica
e della reverenza per l'antichità, non avrò
molto a lodarmi nè degli antichi, nè de' mo-
derni, nè di me stesso... umana razza!

Se m'è dato lo sperare mai pace, l'ho
trovata, o Lorenzo. Il Parroco, il Medico, e
tutti gli oscuri mortali di questo cantuccio
della terra mi conoscono sin da fanciullo e
mi amano. Quantunque io viva fuggiasco,
mi vengono tutti d'intorno quasi volessero
mansuefare una fiera generosa e selvatica.
Per ora io lascio correre. Veramente non ho
avuto tanto bene dagli uomini da fidarmene
così a un tratto : ma quel menare la vita del
tiranno che freme e trema d'essere scannato
a ogni minuto mi pare un agonizzare in una
morte lenta, obbrobriosa. Io siedo con essi
a mezzodì sotto il platano della chiesa leggendo loro le vite di Licurgo e di Timoleone.
Domenica mi s'erano affollati intorno tutti
i contadini che, quantunque non compren-
dessero affatto, stavano ascoltandomi a bocca
aperta. Credo che il desiderio di sapere la
storia de' tempi andati sia figlio del nostro
amor proprio che vorrebbe illudersi e pro-
longare la vita unendoci agli uomini e alle
cose che non sono più, e facendole, sto per

dire, di nostra proprietà. Ama la immaginazione di spaziare fra i secoli e di posse-
dere un altro universo. Con quanta passione
un vecchio lavoratore mi narrava stamattina
la vita de' Parrochi della villa viventi nella
sua fanciullezza, e mi descriveva i danni
della tempesta di trentasett' anni addietro o
i tempi dell' abbondanza e quei della fame,
interrompendosi ad ogni tratto, ripigliando
il racconto ed accusandosi d' infedeltà! Così
mi riesce di dimenticarmi ch' io vivo.

È venuto a trovarmi il signore T*** che
tu conoscesti a Padova. Mi disse che spesso
gli parlavi di me, e che jer l' altro glien' hai
scritto. Anche egli s' è ritirato in campagna
per evitare i primi furori del volgo, quantunque a dir vero non siasi molto intricato
ne' pubblici affari. Io n' avea sentito parlare
còme d' uomo di culto ingegno e di somma
onestà; doti temute in passato, ma adesso
non possedute impunemente. Ha tratto cortese, fisonomia liberale, e parla col cuore.
V' era con lui un tale; credo, lo sposo promesso di sua figlia. Sarà forse un bravo e
buono giovine, ma la sua faccia non dice
nulla. Buona notte.

L' ho pur finalmente afferrato nel collo quel ribaldo contadinello che dava il guasto al nostr' orto tagliando e rompendo tutto quello che non poteva rubare. Egli era sopra un pesco, io sotto una pergola : scavezzava allegramente i rami ancor verdi perchè di frutta non ce n' erano più : appena l' ebbi fra le ugne cominciò a gridare : misericordia ! Mi confessò che da più settimane facea quello sciagurato mestiere perchè il fratello dell' ortolano aveva qualche mese addietro rubato un sacco di fave a suo padre. — E tuo padre t' insegna a rubare ? — In fede mia, signore, fanno tutti così.

L' ho liberato, e saltando a precipizio fuor d' una siepe io gridava : ecco la società in miniatura; tutti così.

———

(9)

- LA divina fanciulla! io l'ho veduta, Lorenzo, e te ne ringrazio. La trovai seduta
miniando il 'proprio ritratto. Si rizzò salu-
tandomi come s'ella mi conoscesse, e ordinò
a un servitore di andare a cercar di suo padre. Egli non si pensava, mi diss' ella, che.
voi sareste venuto; sarà per la campagna;
nè starà molto a tornare. Ho accostato la.
mia sedia alla sua. Una ragazzina le corse
fra le ginocchia dicendole non so che all'
orecchio. È l'amico di Lorenzo, le rispose
Teresa, è quello che il babbo andò a trovare
l'altro jeri. Tornò frattanto il signore T***
m'accoglieva famigliarmente, ringrazian-
domi perch' io m'era sovvenuto di lui. Teresa intanto prendendo per mano la sua
sorellina partiva. Vedete, mi diss' egli, ad-
ditandomi le sue figliuole che uscivano dalla
stanza... eccoci tutti. Proferì egli queste
parole come se volesse farmi partecipe delle
loro disgrazie, e della loro felicità. Si ciarlò
lunga pezza. Mentr' io stava per congedarmi
tornò Teresa; non siamo tanto lontani, mi

disse, venite qualche sera a veglia da noi.

Io tornava a casa col cuore in festa. —
O Lorenzo ? lo spettacolo della bellezza
basta forse ad addormentare a' mortali tutti
i dolori? vedi per me una sorgente di vita :
unica certo e... chi sa! fatale. Ma se io sono
condannato ad avere l'anima sempre in tempesta, non è tutt' uno ?

TACI, taci: — vi sono de' giorni ch' io non
posso fidarmi di me : un demone m' arde,
mi agita, mi divora. Forse io mi reputo
molto; ma e' mi pare impossibile che la nostra patria sia così conculcata mentre ci resta
ancora una vita. Che facciam noi tutti i
giorni vivendo e querelandoci ?... in somma
non parlarmene più, ti scongiuro. Narrandomi le nostre tante miserie mi rinfacci
tu forse perchè io mi sto quì neghittoso ? e.
non t'avvedi che tu mi strazj fra mille martirj ? Oh! se il tiranno fosse uno solo, e i
servi fossero meno stupidi, la mia mano

basterebbe. Ma chi mi biasima or di viltà,
m' accuserebbe allor di delitto, e il saggio
stesso compiangerebbe in me, anzichè il
consiglio del forte, il furore del forsennato.
Che vuoi tu imprendere fra due potenti nazioni che nemiche giurate, feroci, eterne,
si collegano soltanto per incepparci, e dove
la loro forza non vale, gli uni c'ingannano
con l'entusiasmo di libertà, gli altri col fa-
natismo di religione; e noi tutti guasti dall'
antico servaggio e dalla nuova licenza, ge-
miamo vili schiavi, traditi, affamati, e non
concitati mai nè dal tradimento, nè dalla
fame? — Ahi, se potessi, seppellirei la mia
casa, i miei più cari e me stesso per non
lasciar nulla nulla che potesse inorgoglire
costoro della loro onnipotenza e della mia
servitù! E vi furono de' popoli che per non
obbedire a' Romani ladroni del mondo, die-
dero alle fiamme le loro case, le loro mogli,
i loro figli e se medesimi, sotterrando fra le
immense ruine e le ceneri della loro patria
la lor sacra indipendenza.

Io sto bene... bene per ora come un infermo che dorme e non sente i dolori. Io
passo le intere giornate in casa del signore
T*** che mi ama come figliuolo: mi lascio
illudere, e la felicità di quella buona famiglia mi sembra mia. Se nondimeno non vi
fosse quello sposo, perchè davvero... — io
non odio persona del mondo, ma vi sono
cert'uomini ch'io ho bisogno di vedere soltanto da lontano.—Suo suocero me n'andava
tessendo jer sera un lungo elogio in forma
di commendatizia: *buono, esatto, paziente; e
nient'* altro? possedesse queste doti con angelica perfezione, s'egli avrà il cuore sempre
così morto, e quella faccia magistrale non
animata mai nè dal sorriso dell'allegria, nè
dal dolce raggio della pietà, sarà per me un
di que'rosaj senza fiori che mi fanno temere
le spine. Cos' è l'uomo se tu lo lasci alla
sola ragione fredda, calcolatrice? scellerato,
e scellerato bassamente. — Del resto, Odoardo sa di musica; giuoca bene a scacchi;
mangia, legge, dorme, passeggia, e tutto

coll' oriuolo alla mano; e non parla con enfasi se non per magnificare sempre la sua
ricca e scelta biblioteca. Ma quand' egli mi
va ripetendo con quella sua voce cattedra-
tica, *ricca e scelta*, io sto lì lì per dargli una
solenne mentita. Se le humane frenesie che
col nome di *scienze* e di *dottrine* si sono
scritte e stampate in tutti i secoli, e da tutte
le genti, si riducessero a un migliajo di vo-
lumi al più, e' mi pare che la presunzione
de' mortali non avrebbe a lagnarsi... — e
via sempre con queste dissertazioni.

Frattanto ho preso a educare la sorellina
di Teresa: io le insegno a leggere e a scrivere. Quand' io sto con lei, la mia fisonomia
si va rasserenando, il mio cuore è più gajo
che mai, ed io fo mille pazzie. Non so perchè, tutti i fanciulli mi vogliono bene. E
quella ragazzetta è pur cara! bionda e ric-
ciuta, occhi azzurri, guance pari alle rose,
fresca, candida, paffutella.:: pare una Grazia di quattr' anni. Se tu la vedessi corrermi
incontro, aggrapparmisi alle ginocchia, fug-
girmi perch' io la siegua, negarmi un bacio
e poi improvvisamente attaccarmi que' suoi
labbruzzi alla bocca! Oggi io mi stava su la

cima di un albero a cogliere le frutta, quella innocente tendeva le braccia, e balbettando pregavami che *per carità non cascassi.*

Che bell'autunno! addio Plutarco... sta sempre chiuso sotto il mio braccio. Sono tre giorni ch'io passo la mattina a colmare un canestro d'uva e di persiche ch'io copro di foglie, avviandomi poi lungo il fiumicello, e giunto alla villa, desto tutta la famiglia cantando la canzonetta della vendemmia.

12 novembre.

Ieri giorno di festa abbiamo con solennità trapiantato i pini delle vicine collinette sul monte rimpetto alla chiesa. Mio padre pure tentava di fecondare questo sterile monticello; ma i cipressi ch'egli vi pose non hanno mai potuto allignare, e i pini sono ancor giovinetti. Assistito io da parecchi lavoratori ho coronato la vetta onde casca l'acqua di cinque pioppi, ombreggiando la costa orientale di un folto boschetto che sarà il primo salutato dal sole quando splen-

didamente comparirà dalle cime de' monti.
E jeri appunto il sole più sereno del solito
riscaldava l'aria irrigidita dalla nebbia del
morente autunno. Le villanelle vennero sul
mezzo giorno coi loro grembiuli di festa
intrecciando i giuochi e le danze di canzo-
nette e di brindisi. Tale di esse era la sposa
novella, tale la figliuola, e tal' altra la innamorata di alcuno de' lavoratori; e tu sai che
i nostri contadini sogliono, quando si tra-
pianta, convertire la fatica in piacere, cre-
dendo per antica tradizione de' loro avi e
bisavi, che senza il giubbilo de' bicchieri
gli alberi non possano mettere salda radice
nella terra straniera. — Io frattanto mi dipingeva nel lontano avvenire un pari giorno
di verno quando canuto mi trarrò passo
passo sul mio bastoncello a confortarmi ai
raggi del sole, sì caro a' vecchi; salutando,
mentre usciranno dalla chiesa, i curvi villani già miei compagni ne' dì che la gioventù rinvigoriva le nostre membra e com-
piacendomi delle frutta che, benchè tarde,
avranno prodotto gli alberi piantati dal padre mio. Conterò allora con fioca voce le
nostre umili storie a' miei e a' tuoi nepotini,

o a quei di Teresa che mi scherzeranno
d'intorno. E quando l'ossa mie fredde dor-
miranno sotto quel boschetto omai ricco ed
ombroso, forse nelle sere d'estate al patetico susurrar delle fronde si uniranno i sospiri degli antichi padri della villa, i quali
al suono della campana de' morti (1) pre-
gheranno pace allo spirito dell'uomo dabbene e raccomanderanno la sua memoria ai
loro figlj. E se talvolta lo stanco mietitore
verrà a ristorarsi dall'arsura di giugno, es-
clamerà guardando la mia fossa : *egli egli
innalzò queste fresche ombre ospitali!*

---

(1) Chiamata da' contadini la campana del *De pro-
fundis* perchè mentre suona sogliono recitare questo
salmo per le anime de' trapassati. *L'Editore.*

Più volte incominciai questa lettera, ma
la faccenda andava assai per le lunghe; e la
bella giornata, la promessa di trovarmi alla
villa per tempo, e la solitudine — ridi ?...
— L'altr'jeri, e jeri mi svegliava proponen-
domi di scriverti, ed eccomi invece, senz'
accorgermi, fuori di casa.

Piove, grandina, fulmina: penso di ras-
segnarmi alla necessità e di profittare di
questa giornata d'inferno, scrivendoti. —
Sei o sette giorni addietro s'è ito in pellegrinaggio. Io ho veduto la natura più bella che
mai. Teresa, suo padre, Odoardo, la piccola
Isabellina, ed io siamo andati a visitare la
casa del Petrarca in Arquà. Arquà è discosto
come tu sai quattro miglia dalla mia casa,
e noi per accorciare il cammino prendem-
mo la via dell'erta. S'apriva appena il più
bel giorno d'autunno. Parea che la notte
seguita dalle tenebre e dalle stelle fugisse
dal sole, che usciva nel suo immenso splendore dalle nubi d'oriente, quasi dominatore dell'universo; e l'universo sorridea.
Le nuvole dorate e dipinte a mille colori

salivano su la volta del cielo che tutto sereno mostrava quasi di schiudersi per dif-
fondere su i mortali le cure della divinità.
Io salutava a ogni passo la famiglia de' fiori
e dell' erbe che a poco a poco alzavano il
capo chinato dalla brina. Gli alberi susur-
rando soavemente, faceano tremolar contro
la luce le gocce trasparenti della rugiada;
mentre i venti dell' aurora rasciugavano il
soverchio umore alle piante. Avresti udito
una solenne armonia spandersi confusa-
mente fra le selve, gli augelli, gli armenti,
i fiumi, e le fatiche degli uomini; e intanto
spirava l' aria profumata dalle esalazioni
che la terra esultante di piacere mandava
dalle valli e dai monti al Sole, ministro
maggiore della Natura. — Io compiango lo
sciagurato che può destarsi muto, freddo, e
guardar tanti beneficj senza aver gli occhi
molli dalle care lagrime della riconoscenza.
Allora io ho veduta Teresa nel più bell'ap-
parato delle sue grazie. Il suo aspetto per
lo più sparso di una dolce malinconia, si
andava animando di una gioja schietta, viva,
che le usciva dal cuore; la sua voce era suf-
focata; i suoi grandi occhi neri aperti prima

nell' estasi si inumidivano poscia a poco a
poco; tutte le sue potenze pareano invase
dalla sacra beltà della campagna. In tanta
piena di sensazioni le anime si schiudono
per versarle nell'altrui petto; ed ella si volgeva a Odoardo... Eterno Iddio! parea ch'
egli andasse tentone nelle tenebre della
notte, o ne' deserti abbandonati dal sorriso
della natura. Lo lasciò tutto a un tratto, e
s'appoggiò al mio braccio dicendomi... —
ma, Lorenzo... per quanto io tenti di continuare, conviene pur ch'io mi taccia. Se
potessi dipingerti la sua pronunzia, i suoi
gesti, la melodia della sua voce, la sua celeste fisonomia, o trascrivere almeno tutte
le sue parole senza cangiarne o traslocarne
sillaba, certo che tu mi sapresti grado; diversamente, incresco perfino a me stesso.
Che giova copiare imperfettamente un ini-
mitabile quadro, la cui fama soltanto fa più
impressione che la tua misera copia? E non
ti par ch'io somigli i traduttori del divo
Omero? Giacchè tu vedi ch'io non mi affa-
tico, che per inacquare il sentimento che
m'infiamma e stemprarlo in un languido
fraseggiamento.

Lorenzo, ne sono stanco; il rimanente del mio racconto, domani : il vento imperversa ; tuttavolta vo' tentare il cammino ; saluterò Teresa in tuo nome.

Per dio! e' m'è forza di proseguire la lettera : su l'uscio della casa ci è un lago d'acqua che mi contrasta il passo : potea varcarlo d'un salto.... e poi ? la pioggia non cessa : mezzogiorno è passato, e mancano poche ore alla notte che minaccia la fine del mondo. Per oggi, giorno perduto, o Teresa. —

Sono infelice! mi disse Teresa; e con questa parola mi strappò il cuore. Io camminava al suo fianco in un profondo silenzio. Odoardo raggiunse il padre di Teresa ; e ci precedeano chiacchierando. La Isabellina ci tenea dietro in braccio all'ortolàno. —*Sono infelice!* io avea concepito tutto il terribile significato di queste parole, e gemeva dentro l'anima, veggendomi innanzi la vittima che dovea sacrificarsi al pregiudizio e all' interesse. Teresa, avvedutasi forse, scherzò sul turbamento improvviso della mia fisonomia. Qualche cara memoria,

mi diss' ella sorridendo. Io non osai risponderle.

Eravamo già presso ad Arquà, e scen-
dendo per l' erboso pendio, si andavano
sfumando e perdendosi all' occhio i paeselli
che si vedeano dispersi per le valli soggette.
Ci siamo finalmente trovati a un viale cinto
da un lato di pioppi che tremolando lascia-
vano cadere sul nostro capo le foglie più
giallicce, e adombrato dall' altra parte d' altissime querce, che con la loro opacità
maestosa faceano contrapposto all' ameno
verde de' pioppi. Tratto tratto le due file
d'alberi opposti erano congiunte da varj
rami di vite selvatica, i quali incurvandosi
formavano altrettanti festoni mollemente
agitati dal vento. Teresa allora sofferman-
dosi e guardando d' intorno ; oh quante
volte, proruppe, mi sono adagiata su queste
erbe e sotto l' ombra freschissima di queste
querce ! io veniva sovente l' estate passata
con mia madre. Tacque, e si volse indietro
dicendo di volere aspettare la Isabellina che
ci stava pochi passi lontana ; ma io m'accorsi
ch' ella m'avea lasciato per nascondere le
lagrime che le innondavano gli occhi, e che

non poteva più rattenere. E dov' è, le diss*
io, vostra madre ? — Da più settimane vive
a Padova con sua sorella, lontana da noi e
forse per sempre! Mio padre l'amava; ma
dopo la sua ostinazione di volermi dare un
marito ch' io non posso amare, la concordia
è sparita dalla nostra famiglia. La mia povera
madre dopo essersi opposta invano a questo
matrimonio, s'è allontanata per non aver
parte alla mia eterna infelicità. Io intanto... sono abbandonata da tutti! ho promesso a mio padre, e non voglio disubbi-
dirlo.... ma.... e mi duole ancor più, che
per mia cagione la nostra famiglia sia così
disunita... per me... pazienza! — le lagrime
le pioveano dagli occhi. Perdonate, soggiunse, io avea bisogno di sfogare questo
mio cuore angustiato. Non posso nè scrivere
a mia madre nè avere mai sue lettere. Mio
padre fiero e assoluto nelle sue risoluzioni
non vuole sentirsela nominare; egli mi va
sempre replicando, ch'ella è la sua e la mia
peggiore nemica. Ma io sento che non amo,
e non amerò mai questo sposo col quale
mio padre pretende... — immagina, o Lorenzo, in quel momento il mio stato. Io

non sapeva nè confortarla, nè risponderle,
nè consigliarla. Per carità, ripigliò, non mi
tradite, ve ne scongiuro : io mi sono fidata
di voi : il bisogno di trovare chi sia capace
di compiangermi... una simpatia... io non
ho che voi solo...— O angelo! sì sì! potessi
io piangere per sempre, e rasciugare così le
tue lagrime! questa mia misera vita è tua
tutta : io te la consacro ; e la consacro alla
tua felicità!

Quanti guai, mio Lorenzo, in una sola
famiglia! Vedi ostinazione nel signore T***
che d' altronde è un ottimo galantuomo.
Egli ama sviseratamente sua figlia; sovente
la loda e la guarda con compiacenza; e intanto le tien la mannaja sul collo. Teresa
qualche giorno dopo mi disse ch'_egli dotato
d' un' anima ardente, visse sempre consumato da passioni infelici ; sbilanciato nella
sua domestica economia per troppa magnificenza; perseguitato da quegli uomini che
nelle rivoluzioni tentano la propria fortuna
su l' altrui ruina, e tremante pe' suoi figlj,
crede di assicurare la felicità della sua famiglia imparentandosi a un *uomo di senno*,
ricco, e in aspettativa di una eredità rag-

guardevole. Forse, o Lorenzo, anche un
certo fumo... ed io vorrei scommettere cento
contr' uno ch' egli non darebbe in isposa
sua figliuola ad un uomo cui mancasse
mezzo quarto di nobiltà; *chi nasce patrizio*
muore patrizio. Tanto più che egli considera
l'opposizione di sua moglie come una le-
sione alla propria autorità, e questo sentimento tirannesco lo rende ancor più infles-
sibile. Egli è nondimeno di buon cuore; e
quella sua aria sincera, e quell'accarezzare
sempre sua figlia e qualche volta compiangerla sommessamente, mostrano ch' ei vede
gemendo la dolorosa rassegnazione di quella
povera fanciulla... ma... — e per questo
quand' io veggo che gli uomini cercano per
una certa fatalità le sciagure con la lan-
terna, e che vegliano, sudano, piangono
per fabbricarsele dolorosissime, eterne, io
mi sparpaglierei le cervella temendo che
non mi si cacciasse per capo una simile
tentazione.

Ti lascio, o Lorenzo; Michele mi chiama
a desinare, tornerò a scriverti a momenti.

Il mal tempo s'è diradato, e fa il più bel

dopo pranzo del mondo. Il sole squarcia finalmente le nubi, e consola la mesta natura, diffondendo su la faccia di lei un suo raggio. Io ti scrivo rimpetto al balcone donde miro la eterna luce che si va a poco a poco perdendo nell' estremo orizzonte tutto raggiante di fuoco. L'aria torna tranquilla, e la campagna, benchè allagata e coronata soltanto d'alberi sfrondati e cospersa di piante appassite, pare più allegra di quel che fosse prima della tempesta. Così, o Lorenzo, lo sfortunato si scuote dalle funeste sue cure al solo raggio della speranza, e inganna la sua trista ventura con que' piaceri ai quali era affatto insensibile in grembo alla cieca prosperità.—Frattanto il dì m'abbandona; odi la campana della sera : eccomi dunque al compimento della mia narrazione.

Noi proseguimmo il nostro breve pellegrinaggio fino a che ci apparve biancheggiante da lungi la casetta che un tempo accoglieva

Quel Grande alla cui fama è angusto il mondo,
Per cui Laura ebbe in terra onor celesti.

2

Io mi vi sono appressato come se andassi
a prostrarmi su le sepolture de' miei padri,
e simile a· que' sacerdoti che taciti e riverenti s'aggiravano per li boschi abitati dagl'
Iddii. La sacra casa di quel sommo Italiano
sta crollando per la irreligione di chi pos-
siede un tanto tesoro. Il viaggiatore verrà
invano da lontane terre a cercare con meraviglia divota la stanza armoniosa ancora dai
canti celesti del Petrarca. Piangerà invece
sopra un mucchio di ruine coperto di orti-
che e di erbe selvatiche fra le quali la volpe
solitaria avrà fatto il suo covile. O Italia!
placa l'ombre de' tuoi Grandi. — Oh! io mi
sovvengo, col gemito nell'anima, delle es-
treme parole di Torquato Tasso. Dopo essere
vissuto quaranta sette anni fra i sarcasmi de'
cortigiani, le noje de' saccenti, e l'orgoglio
de' Principi, or carcerato ed or vagabondo,
sempre melancolico, infermo, indigente,
giacque finalmente nel letto della morte, e
scriveva, esalando l'eterno sospiro : *Io non*
mi voglio dolere della malignità della fortuna,
per non dire della ingratitudine degli uomini,
la quale ha pur voluto aver la vittoria di
condurmi alla sepoltura mendico. O mio Lo-

renzo... mi suonano queste parole sempre nel cuore, sempre.

Frattanto io recitava sommessamente con l'anima tutta amore e armonia la canzone; *Chiare, fresche, dolci acque;* e l'altra : *Di pensier in pensier, di monte in monte;* e il sonetto : *Stiamo, amore, a veder la gloria nostra ;* e quanti altri di que' sovrumani versi la mia memoria agitata seppe suggerire al mio cuore.

Teresa e suo padre se n' erano iti con Odoardo il quale andava a rivedere i conti al fattore d' una tenuta ch' egli ha in que' dintorni. Ho poi saputo ch' egli è sulle mosse per Roma, stante la morte di un suo cugino; nè si sbrigherà così presto, perchè essendosi gli altri parenti impadroniti de' beni del morto, l' affare andrà a' tribunali.

Al loro ritorno quella buona famiglia d' agricoltori ci allestì da colazione, dopo di che ci siamo avviati verso casa. Addio addio. Avrei a narrarti molte altre cose, ma, a dirti il vero, ti scrivo svogliatamente.—Appunto: mi dimenticava di dirti che, ritornando, Odoardo accompagnò sempre Teresa e le parlò lungamente quasi importunandola e

con un' aria di volto autorevole. Da alcune
poche parole che mi venne fatto d'intendere, sospetto ch' egli la tormentasse per
sapere a ogni patto di che abbiamo parlato.
Onde tu vedi ch' io devo diradar le mie
visite almeno almeno finch' ei si parta.

Buona notte, Lorenzo. Serbati questa lettera : quando Odoardo si porterà seco la
felicità, ed io non vedrò più Teresa, nè più
scherzerà su queste ginocchia la sua ingenua sorellina, in que' giorni di noja ne' quali
ci è caro perfino il dolore, rileggeremo
queste memorie sdrajati su l'erta che guarda
la solitudine d'Arquà, nell' ora che il dì va
mancando. La rimembranza che Teresa fu
nostra amica rasciugherà il nostro pianto.
Facciamo tesoro di sentimenti cari e soavi
i quali ci ridestino per tutti gli anni, che
ancora forse tristi e perseguitati ci avan-
zano, la memoria che non siamo sempre
vissuti nel dolore.

TRE giorni ancora, e Odoardo sarà par-,
tito. Il padre di Teresa lo accompagnerà sino
a' confini. M'aveva egli proposto di far
questa gita con lui, ma io ne l'ho ringra-
ziato perchè voglio assolutamente partire :
andrò... a Padova. Non devo abusare dell'
amicizia del signore T*** e della sua buona
fede. — Tenete buona compagnia alle mie
figliuole, mi diceva egli questa mattina. A
vedere, egli mi reputa Socrate... me? e con
quell' angelica creatura nata per amare, e
per essere amata?... e così misera a un
tempo! ed io sono sempre in perfetta armonia con gl'infelici, perchè davvero ch'io
trovo un non so che di cattivo nell'uomo
prospero.

Non so com'ei non s'avveda ch'io parlando di sua figlia mi confondo e balbetto;
cangio viso e sto come un ladro davanti al
giudice. In quell'istante m'immergo in certe
meditazioni, e bestemmierei il cielo veggendo in quest'uomo tante doti eccellenti,
guaste tutte da' suoi pregiudizj e da una

cieca predestinazione che lo faranno piangere amaramente. — Così intanto io divoro
i miei giorni, querelandomi e de' miei pro-
pri mali e degli altrui.

Eppure me ne dispiace : — spesso rido
di me, perchè propriamente questo mio
cuore non può sofferire un momento, un
solo momento di calma. Purchè ei sia sempre agitato, per lui non rileva se i venti gli
spirano avversi o propizj. Ove gli manchi il
piacere, ricorre tosto al dolore. Jeri venne
Odoardo a restituirmi uno schioppo da caccia ch'io gli aveva prestato; non ho potuto
vederlo partire senza gettarmigli al collo,
tuttochè avessi dovuto veramente imitare la
sua indifferenza, mentre quelli non erano
gli estremi congedi. Non so di qual nome
voi altri saggi chiamate chi troppo presto
ubbidisce al proprio cuore; perchè ei certo
non è un eroe; ma è forse vile per questo?
Coloro che trattano da deboli gli uomini
appassionati somigliano quel medico che
chiamava pazzo un malato non per altro se
non perch'era vinto dalla febbre. Così odo
i ricchi tacciare di colpa la povertà, per la
sola ragione che non è ricca. A me però sem-

bra tutto apparenza; nulla di reale.... nulla;
Gli uomini non potendo per se stessi acquistare la propria e l'altrui stima, cercano
d'innalzarsi, paragonando que' difetti che
per ventura non hanno, a quelli che ha il
loro vicino. Ma chi non si ubbriaca perchè
naturalmente odia il vino, merita lode di
sobrio?

O tu che disputi tranquillamente su le
passioni : se le tue fredde mani non trovas-
sero freddo tutto quello che toccano; se tutto
quello ch'entra nel tuo cuore di ghiaccio
non divenisse tosto gelato; credi tu che an-
dresti così glorioso della tua severa filosofia? or come puoi ragionare di cose che non
conosci?

Per me, lascio che i saggi vantino una
infeconda apatia. Ho letto già tempo non so
in che poeta, che la loro virtù è una massa
di ghiaccio che ritira tutto in se stessa e irri-
gidisce chi le si accosta. *Nè Dio sta sempre
nella sua maestosa tranquillità, ma s'involve
fragli aquiloni e passeggia con le procelle* (ɪ).

(ɪ) Questo è un verso della Bibbia; ma non ho saputo
segnatamente trovare donde fu tratto. *L'Editore.*

27 novembre.

ODOARDO è partito.... ed io me n'andrò quando tornerà il padre di Teresa. Buon giorno.

~~~~~~~~~~~~~~~~~~~

3 dicembre.

STAMATTINA io me n'andava per tempo alla villa, ed era già presso alla casa T*** quando mi ha fermato un lontano tintinnio d'arpa. O! io mi sento sorridere l'anima, e scorrere in tutto me stesso la voluttà che allora m'infondeva quel suono. Era Teresa.... — come poss'io immaginarti, o celeste fanciulla, e chiamarti dinanzi a me in tutta la tua bellezza, senza la disperazione nel cuore! Pur troppo! tu cominci a bevere i primi sorsi dell'amaro calice della vita, ed io con questi occhi ti vedrò infelice, nè potrò sollevarti se non piangendo!... io, io stesso ti dovrò per pietà consigliare a pacificarti con la tua sciagura.

Certo ch'io non potrei nè asserire nè negare a me stesso ch'io l'amo; ma se mai, se

mai.... in verità non d'altro che di un amore
incapace di un solo pensiero : Dio la sa! —
Io mi fermava lì lì, senza batter palpebra,
con gli occhi, le orecchie, e i sensi tutti
intenti per divinizzarmi in quel luogo dove
l'altrui vista non mi avrebbe costretto ad
arrossire de' miei rapimenti. Ora ponti nel
mio cuore, quand'io udiva a cantar da Teresa quella strofetta di Saffo volgarizzata da
me con le altre due odi ; unici avanzi delle
poesie di quella amorosa fanciulla, immortale come le muse. Balzando d'un salto, ho
trovato Teresa nel suo gabinetto su quella
sedia stessa ov'io la vidi il primo giorno,
quand'ella dipingeva il proprio ritratto. Era
neglettamente vestita di bianco; il tesoro
delle sue chiome biondissime diffuse su le
spalle e sul petto, i suoi divini occhi nuotanti nel piacere, il suo viso sparso di un
soave languore, il suo braccio di rose, il suo
piede, le sue dita arpeggianti mollemente....
tutto tutto era armonia : ed io mi sentiva
una certa delizia nel contemplarla. Bensì
Teresa parea confusa, veggendosi d'improvviso un uomo che la mirava così discinta,
ed io stesso cominciava dentro di me a rim-
..

proverarmi d'importunità e di villania; ma
ella proseguiva, ed io sbandiva tutt'altro
desiderio, tranne quello di adorarla, e di
udirla. Io non so dirti, mio caro, in quale
stato allora io mi fossi : so bene ch'io non
sentiva più il peso di questa vita mortale.

S'alzò sorridendo e mi lasciò solo. Allora
o rinveniva a poco a poco : mi sono appoggiato col capo su quell'arpa e il mio viso si
andava bagnando di lagrime.... oh! mi sono
sentito un po' libero.

Padova, 7 dicembre.

Non lo so; ma temo che tu m'abbia pi-
gliato in parola e ti sia maneggiato a tutto
potere per cacciarmi dal mio dolce romitorio. Ieri mi sopravvenne Michele per avver-
tirmi da parte di mia madre ch'era già alle-
stito l'alloggio in Padova dov'io aveva detto
altra volta (davvero appena me ne sovviene)
di volermi recare al riaprirsi della università. Vero è ch'io avea fatto sacramento di
venirci; e te n'ho scritto; ma aspettava il

signore T***, non per anco tornato. Del
resto, ho fatto bene a cogliere il momento
della mia vocazione, e ho abbandonati i
miei colli senza dire addio ad anima vivente.
Diversamente, malgrado le tue prediche e
i miei proponimenti, non sarei partito mai
più : e ti confesso ch'io mi sento un certo
che d'amaro nel cuore, e che spesso mi salta
la tentazione di ritornarvi : — or via in
somma: vedimi a Padova; e presto a diven-
tar sapientone, acciocchè tu non vada ognor
predicando *ch'io mi perdo in pazzie*. Per altro
bada di non volermiti opporre quando mi
verrà voglia d'andarmene ; perchè tu sai
ch'io sono nato espressamente inetto a certe
cose.... massime quando si tratta di vivere
con quel metodo di vita ch'esigono gli studj,
a spese della mia pace e del mio libero genio, o dì pure, ch'io tel perdono, del mio
capriccio. Frattanto ringrazia mia madre, e
per minorarle il dispiacere, cerca di profe-
tizzare, così come se la cosa venisse da te,
ch'io qui non troverò stanza per più d'un
mese.... o poco più.

Ho conosciuta la moglie del patrizio M***
che abbandona i tumulti di Venezia e la casa
del suo indolente marito per passare gran
parte dell' anno in Padova. Peccato! la sua
giovine bellezza ha già perduta quella vereconda ingenuità che sola diffonde le grazie
e l'amore. Dotta assai nella donnesca galan-
teria, cerca di piacere non per altro che per
conquistare ; così almeno giudico. Tuttavolta, chi sa !... ella sta con me volentieri,
e mormora meco sottovoce sovente, e sorride quand'io la lodo; tanto più ch'ella non
si pasce come le altre di quell'ambrosia di
freddure chiamate *bei motti e tratti di spirito*
indizj sempre d'un animo maligno. Ora sappi
che jer sera accostando la sua sedia alla
mia, mi parlò d'alcuni miei versi, e innol-
trandoci di mano in mano a ciarlare di poesia, non so come, nominai certo libro di cui
ella mi richiese. Promisi di recarglielo io
stesso stamattina; addio: — s'avvicina l'ora.

Ore 2.

Il paggio m' additò un gabinetto ove innol-
tratomi appena mi si fe' incontro una donna
di forse trentacinque anni, leggiadramente
vestita, e ch' io non avrei presa mai per la
cameriera se non mi si fosse appalesata ella
stessa dicendomi : la padrona è a letto ancora ; a momenti uscirà. Un campanello la
fe' correre nella stanza contigua ov' era il
talamo della Dea, ed io rimasi a scaldarmi
al camminetto, considerando ora una Danae
dipinta sul soffitto, ora le stampe di cui le
pareti erano tutte coperte, ed ora alcuni ro-
manzi francesi gittati quà e là. In questa le
porte si schiusero, ed io sentiva l'aere d'improvviso odorato di mille quintessenze, e
vedeva madama tutta molle e rugiadosa en-
trar presta presta e quasi intirizzita di freddo,
e abbandonarsi sopra una sedia d' appoggio
che la cameriera le preparò presso al fuoco.
Mi salutava con certe occhiate... e mi chie-
dea sorridendo s' io m'era dimenticato della
promessa. Io frattanto le porgeva il libro
osservando con meraviglia ch' ella non era

vestita che di una lunga e rada camicia la
quale non essendo allacciata scendeva libe-
ramente, lasciando ignude le spalle e il
petto ch'era per altro voluttuosamente difeso
da una candida pelle in cui ella stavasi in-
volta. I suoi capelli benchè imprigionati da
un pettine, accusavano il sonno recente,
perchè alcune ciocche posavano i loro ricci
or sul collo, or fin dentro il seno, quasi che
quelle picciole liste nerissime dovessero ser-
vire all'occhio inesperto di guida, ed altre
calando giù dalla fronte le ingombravano le
pupille; ella frattanto alzava le dita per dira-
darle e talvolta per avvolgerle e rassettarle
meglio nel pettine, mostrando in questo
modo, forse sopra pensiero, un braccio
bianchissimo e tondeggiante scoperto dalla
camicia che nell'alzarsi della mano cascava
fin'oltre il gomito. Posando sopra un piccolo trono di guanciali si volgeva con compiacenza al suo cagnuolino che le si accostava e fuggiva e correva torcendo il dosso e
scuotendo le orecchie e la coda. Io mi posi
a sedere sopra una seggiola avvicinata dalla
cameriera la quale si era già dileguata. Quell'
adulatrice bestiuola schiattiva, e morden-

dole e scompigliandole con le zampine gli orli della camicia, lasciava apparire una gentile pianella di seta rosa - languida, e poco dopo un picciolo piede scoperto fin sopra la noce; un piede, o Lorenzo, simile a quello che l'Albano dipingerebbe a una Grazia ch'esce dal bagno. O!... se tu avessi, com'io, veduto Teresa nell'atteggiamento medesimo, presso un focolare, anch'ella appena balzata di letto, così negletta, così... — chiamandomi a mente quel fortunato mattino mi ricordo che non avrei osato respirar l'aria che la circondava, e tutti tutti i miei pensieri si univano riverenti e paurosi soltanto per adorarla: — e certo un genio benefico mi presentò la immagine di Teresa, perch'io, non so come, ebbi l'arte di guardare con un rattenuto sorriso or la bella, poi il cagnuolino, e di bel nuovo il tappeto dove posava il bel piede; ma il bel piede era intanto sparito. M'alzai chiedendole perdono s'io aveva scelto un'ora importuna, e la lasciai quasi pentita, perchè di gaja e cortese divenne dispettosa, e... del resto poi non so. Quando fui solo, la mia ragione, ch'è in perpetua lite con questo

mio cuore, mi andava dicendo : infelice!
temi soltanto di quella beltà che partecipa
del celeste : prendi dunque partito, e non
ritrarre le labbra dal contravveleno che la
fortuna ti porge. Lodai la ragione; ma il
cuore avea già fatto a suo modo. —T'accor-
gerai che questa lettera è copiata e rico-
piata, perch' io ho voluto sfoggiare *lo bello
stile.*

O! la canzoncina di Saffo! io vado can-
ticchiandola scrivendo, passeggiando, leggendo : nè così io vaneggiava, o Teresa,
quando non mi era conteso di poterti vedere
ed udire: pazienza! undici miglia ed eccomi
a casa, e poi due miglia ancora, e poi? —
quante volte mi sarei fuggito da questa terra
se il timore di non essere dalle mie disavventure strascinato troppo lontano da te
non mi trattenesse in tanto pericolo! quì
siamo almeno sotto lo stesso cielo.

P. S. Ricevo in questo momento tue lettere : — e torna, o Lorenzo; questa è la
quinta volta che tu mi tratti da innamorato:
innamorato sì, e che per ciò? Ho veduto

dimolti innamorarsi della Venere Medicea,
della Psiche, e perfin della Luna o di qualche stella lor favorita. E tu stesso non eri
talmente entusiaste di Saffo che pretendevi
di ravvisarne il ritratto nella più bella donna
che tu conoscessi, trattando di maligni e
ignoranti coloro che la dipingono piccola,
brùna, e bruttina anzi che nò?

Fuor di scherzo : io conosco d' essere un
uomo singolare, e stravagante fors' anche ;
ma dovrò perciò vergognarmi? di che? sono
più giorni che tu mi vuoi cacciar per la
testa il grillo di arrossire : ma con tua pace,
io non so, nè posso, nè devo arrossire di
cosa alcuna rispetto a Teresa, nè pentirmi,
nè dolermi... — Sta bene.

Padova...

Di questa lettera si sono smarrite due carte dove Jacopo narrava certo dispiacere a cui per la sua natura veemente e pe' suoi modi assai schietti andò incontro. L' editore propostosi di pubblicare religiosamente l' autografo , crede acconcio d' inserire ciò che di tutta la lettera gli rimane , tanto più che da questo si può forse desumere quello che manca.

Manca la prima carta..

. . . .
. . . .

... riconoscente de' beneficj sono riconoscentissimo anche delle ingiurie; e nondimeno tu sai quante volte io le ho perdonate : ho beneficato chi mi ha offeso, e talora ho compianto chi mi ha tradito. Ma le piaghe fatte al mio onore... Lorenzo ! doveano essere vendicate. Io non so che ti abbiano scritto, nè mi curo di saperlo. Ma quando mi s' affacciò quello sciagurato, quantunque da tre anni quasi io non lo rivedeva, m' intesi ardere tutte le membra ; eppur mi contenni.

Ma doveva egli con nuovi sarcasmi inasprire
l'antico mio sdegno? Io ruggiva quel giorno
come un leone, e mi pareva che l'avrei
sbranato, anche se l'avessi trovato nel san-
tuario.

Due giorni dopo il codardo scansò le vie
dell' onore, ch' io gli aveva esibite, e tutti
gridavano la crociata contro di me, come
s' io avessi dovuto tranguggiarmi pacificamente una ingiuria da colui, che ne' tempi
addietro mi aveva mangiata la metà del
cuore. Questa galante gentaglia affetta gene-
rosità, perchè non ha coraggio di vendicarsi
palesemente: ma chi vedesse i notturni pu-
gnali, e le calunnie, et le brighe! — E dall'
altra parte io non l'ho soperchiato. Io gli
dissi: voi avete braccia, e petto al pari di
me, ed io sono mortale come voi. Egli
pianse, gridò; ed allora la ira, quella furia
mia dominatrice, cominciò ad ammansarsi,
perchè dall' avvilimento di lui mi accorsi
che il coraggio non deve dare diritto per
opprimere il debole. Ma deve per questo il
debole provocare chi sa trarne vendetta?
Credimi; ci vuole una stupida bassezza, o
una sovrumana filosofia per risparmiare quel

nemico che ha la faccia impudente, l'anima
negra, e la mano tremante.

Frattanto l'occasione mi ha smascherato
tutti que' signorotti, che mi giuravano tanta
amicizia, che ad ogni mia parola faceano le
meraviglie, e che ad ogni ora mi proferivano
la loro borsa e il lor cuore!... Sepolture!
bei marmi; e pomposi epitaffi, ma se tu li
schiudi vi trovi vermi e fetore. Pensi tu,
mio Lorenzo, che se l'avversità ci riducesse
a domandare del pane, vi sarebbe taluno
memore delle sue promesse? o niuno, o
qualche astuto soltanto, che co' suoi beneficj vorrebbe comprare il nostro avvilimento.
Amici da bonaccia nelle burrasche ti anne-
gano. Per costoro tutto è calcolo in fondo.
Onde se v'ha taluno nelle cui viscere fre-
mano le generose passioni, o le deve stroz-
zare o rifuggirsi come le aquile e le fiere
magnanime ne' monti inaccessibili e nelle
foreste lungi dalla invidia e dalla vendetta
degli uomini. Le sublimi anime passeggiano
sopra le teste della moltitudine che oltrag-
giata dalla loro grandezza tenta d'incate-
narle o di deriderle, e chiama pazzie le
azzioni ch' ella immersa nel fango non può

ammirare e conoscere. — Io non parlo di me; ma quand' io penso agli ostacoli che frappone la società al genio ed al cuore dell' uomo, e come ne' governi licenziosi o tirannici tutto è briga, interesse e finzione... io m' inginocchio a ringraziar la natura che dotandomi di questa indole nemica di ogni servitù, mi ha fatto vincere la fortuna e mi ha insegnato ad innalzarmi sopra la mia educazione. So che la prima, sola, vera scienza è quella dell' uomo, la quale non si può studiare nella solitudine, e ne' libri; e so che ognuno dee prevalersi della propria · fortuna, o dell' altrui per camminare con qualche sostegno su i precipizj della vita. Sia : per me, pavento d'essere ingannato da chi sa istruirmi, precipitato da quella stessa fortuna che potrebbe innalzarmi, e battuto dalla mano che ha la forza di sostenermi...

Manca un' altra carta.

....
....

... s' io fossi nuovo : ma ho sentito fieramente tutte le passioni, nè potrei vantarmi

intatto da tutti i vizj. E vero, che niun vizio
mi ha vinto mai, e ch'io in questo terrestre
pellegrinaggio sono d'improvviso passato
dai giardini ai deserti : ma confesso ad un
tempo che i miei ravvedimenti nacquero da
un certo sdegno orgoglioso, e dalla disperazione di trovare la gloria, e. la felicità a
cui dai primi anni io agognava. S'io avessi
venduta la fede, rinegata la verità, traffirato
il mio ingegno, credi tu ch'io non vivrei
più onorato e tranquillo? Ma gli onori e la
tranquillità del mio secolo guasto meritano
forse di essere acquistati col sagrificio dell'
anima? Forse più che l'amore della virtù
il timore della bassezza m'ha rattenuto sovente da quelle colpe, che sono rispettate
ne' potenti, tollerate ne' più, ma che per
non lasciare senza vittime il simulacro della
giustizia sono punite nei miseri. Nò; nè
umana forza, nè prepotenza divina mi faranno recitare mai nel teatro del mondo la
parte del piccolo briccone. Per vegliare le
notti nel gabinetto delle belle più illustri,
io so che conviene professare libertinaggio,
perchè vogliono mantenersi riputazione
dove sospettano ancora il pudore. E taluna

m' insegnò le arti della seduzione, e mi
confortò al tradimento... e avrei forse tradito e sedotto; ma il piacere ch' io ne sperava scendeva amarissimo dentro il mio
cuore, il quale non ha saputo mai pacifi-
carsi coi tempi, e far alleanza con la ragione.
E perciò tu mi udivi tante volte esclamare
che tutto dipende dal cuore... dal cuore che
nè gli uomini, nè il cielo, nè i nostri medesimi interessi possono cangiar mai!

Nella Italia più culta, e in alcune città
della Francia ho cercato ansiosamente *il bel
mondo* ch' io sentiva magnificare con tanta
enfasi : ma dappertutto ho trovato volgo di
nobili, volgo di letterati, volgo di belle, e
tutti sciocchi, bassi, maligni; tutti. Mi sono
intanto sfuggiti que' pochi che vivendo
negletti fra il popolo o meditando nella solitudine serbano rilevati i caratteri della
loro indole non ancora strofinata. Intanto
io correva di quà, di là, di sù, di giù come
le anime de' scioperati cacciate da Dante
alle porte dell' inferno, non reputandole
degne di stare fra i perfetti dannati. In tutto
un anno sai tu che raccolsi? ciance, vitu-
perj, e noja mortale. — E quì dond' io

guardava il passato tremando, e mi rassi-
curava, credendomi in porto, il demonio
mi strascina a sì fatti malanni.

Onde tu vedi ch' io debbo drizzar gli
occhi soltanto al raggio di salute che il caso
propizio mi ha presentato. Ma ti scongiuro,
risparmia il solito sermone : *Jacopo Jacopo!*
questa tua indocilità ti fa divenire misantropo.
E' ti pare che se odiassi gli uomini, mi dor-
rei come fo de' lor vizj? tuttavia poichè non
so riderne, e temo di rovinare, io stimo
miglior partito la ritirata. E chi mi affida
dall' odio di questa razza d' uomini tanto
da me diversa? nè giova disputare onde sco-
prire per chi stia la ragione : non lo so; nè
la pretendo tutta per me. Quel che importa,
si è (e tu in ciò sei d' accordo), che questa
indole mia schietta, ferma, leale, o piuttosto ineducata, caparbia, imprudente, e la
religiosa etichetta che veste d' una stessa
divisa tutti gli esterni costumi di costoro,
non si confanno; e davvero io non mi sento
in umore di cangiar d' abito. Per me dunque è disperata perfino la tregua, anz' io
sono in aperta guerra, e la sconfitta è imminente; poichè non so neppure combattere

con la maschera della dissimulazione, *virtu*
d' assai credito e di maggiore profitto. Ve' la
gran presunzione! io mi reputo meno brutto
degli altri e sdegno perciò di contraffarmi;
anzi buono o reo ch' io mi sia, ho la gene-
rosità, o dì pure la sfrontatezza, di presen-
tarmi nudo, e quasi quasi come la madre
natura mi ha fatto. Che se talvolta io dico a
me stesso : pensi tu che la verità in bocca
tua sia men temeraria? io da ciò ne desumo
che sarei matto se avendo trovato nella mia
solitudine la tranquillità de' beati i quali
s' imparadisano nella contemplazione del
sommo bene, io per... per *evitare il pericolo
d' innamorarmi* (ecco la tua stessa espres-
sione) mi commettessi alla discrezione di
questa ciurma cerimoniosa e maligna.

QUESTO scomunicato paese m'addormenta l'anima, nojata della vita : tu puoi
garrirmi a tua pòsta, in Padova non so che
farmi : se tu mi vedessi con che faccia sgua-
jata sto quì scioperando e durando fatica a
incominciarti questa meschina lettera! —
Il padre di Teresa è tornato a' colli Euganei,
e mi ha scritto : gli ho risposto annunzian-
dogli il mio ritorno ; e mi pare mill'anni.

Questa università (come saranno, pur
troppo, tutte le università della terra!) è
per lo più composta di professori orgogliosi
e nemici fra loro, è di scolari dissipatissimi.
Sai tu perchè fra la turba de' dotti gli uomini sommi son così rari? Quell'istinto ispirato dall'alto che costituisce il GENIO non
vive che nella indipendenza e nella solitudine, quando i tempi vietandogli d'ope-
rare, non gli lasciano che lo scrivere. Nella
società si legge molto, non si medita, e si
copia : parlando sempre, si svapora quella
bile generosa che fa sentire, pensare, e scrivere fortemente : per balbettar molte lin-

gue , si balbetta anche la propria , ridicoli a
un tempo agli stranieri e a noi stessi : dipen-
denti dagl'interessi, dai pregiudizj, e dai
vizj degli uomini fra i quali si vive, e gui-
dati da una catena di doveri e di bisogni ,
si commette alla moltitudine la nostra gloria, e la nostra felicità : si palpa la ricchezza
e la possanza, e si paventa perfino di essere
grandi perchè la fama aizza i persecutori, e
la altezza di animo fa sospettare i governi;
e i Principi vogliono gli uomini tali da non
riuscire nè eroi, nè incliti scellerati mai. E
però chi in tempi schiavi è pagato per is-
truire , rado o non mai si sacrifica al vero e
al suo sacro santo istituto ; quindi quell'ap-
parato delle lezioni cattedratiche le quali ti
fanno difficile la ragione e sospetta la verità. — Se non ch'io d'altronde sospetto
che gli uomini tutti sieno altrettanti ciechi
che viaggino al bujo, alcuni de' quali si
schiudano le palpebre a fatica immaginando
di distinguere le tenebre fra le quali denno
pur camminar brancolando. Ma questo sia
per non detto... e' ci sono certe opinioni che
andrebbero disputate con que'pochi soltanto
che guardano le scienze col sogghigno con

cui Omero guardava le gagliardìe delle rane
e de' topi.

A questo proposito : vuoi tu darmi retta
una volta ? poichè v' ha il compratore, vendi
in corpo e in anima tutti i miei libri. Che
ho a fare di quattro migliaja e più di vo-
lumi ch'io non so nè voglio leggere ? Pre-
servami que' pochissimi che tu vedrai ne'
margini postillati di mia mano. O come un
tempo io m'affannava profondendo co'librai
tutto il mio! ma questa pazzia non m'è passata se non per cedere forse il luogo ad un'
altra. Il danaro dallo a mia madre. Cercando
di rifarla di tante spese — io non so come,
ma, a dirtela, darei fondo a un tesoro —
questo ripiego mi è sembrato il più acconcio. I tempi diventano sempre più calami-
tosi, e non è giusto che quella povera donna
meni per me disagiata la poca vita che ancora le avanza. Addio.

(53)

PERDONA; ti credeva più saggio. — Il genere umano è questo branco di ciechi che tu vedi urtarsi, spingersi, battersi, e incontrare o strascinarsi dietro la inesorabile fatalità. A che dunque seguire, o temere ciò che ti deve succedere? M'inganno? l'umana prudenza può rompere questa catena invisible di casi e d'infiniti minimi accidenti che noi chiamiamo destino? sia: ma può ella per questo mettere sicuro lo sguardo fra l'ombre dell'avvenire? O! tu nuovamente mi esorti a fuggire Teresa; e non è lo stesso che dirmi: abbandona ciò che ti fa cara la vita; trema del male, e... t'imbatti nel peggio? Ma poniamo ch'io paventando prudentemente il pericolo dovessi chiudere l'anima mia a ogni barlume di felicità, tutta la mia vita non somiglierebbe forse le austere giornate di questa nebbiosa stagione, le quali ci fanno desiderare di poter non esistere fin tanto ch'esse infestano la natura? Or dì il vero, Lorenzo; quanto sarebbe meglio che

parte almen del mattino fosse confortata dal
raggio del sole a costo ancora che la notte
rapisse il dì innanzi sera ? Che s' io dovessi
far sempre la guardia a questo mio cuore
prepotente, sarei con me stesso in eterna
guerra, e senza pro. Mi butto a corpo morto
e vada come sa andare. — Intanto io

> Sento l'aura mia antica, e i dolci colli ·
> Veggo apparir! (1)

10 gennajo.

ODOARDO spera distrigato il suo affare tra
un mese; così egli scrive: tornerà dunque,
al più tardi a primavera. — Allora sì, verso
i primi d'aprile, crederò ragionevole d'andarmene... allora.

(1) Petrarca.

19 gennajo.

Umana vita ? sogno; ingannevole sogno
al quale noi pur diam sì gran prezzo, siccome le donnicciuole ripongono la loro
ventura nelle superstizioni e ne' presagi !
Bada: ciò cui tu stendi avidamente la mano
è un' ombra forse, che mentre è a te cara,
a tal altro è nojosa. Sta dunque tutta la mia
felicità nella vota apparenza delle cose che
mi circondano; e s'io cerco alcun chè di
reale, o torno a ingannarmi, o spazio attonito e spaventato nel nulla! Io non lo so...
ma, per me, temo che la natura abbia co-
stituita la nostra specie quasi minimo anello
passivo dell' incomprensibile suo sistema,
dotandone di cotanto amor proprio, perchè
il sommo timore e la somma speranza crean-
doci nella immaginazione una infinita serie
di mali e di beni, ci tenessero pur sempre
occupati di questa esistenza breve, dubbia,
infelice. E mentre noi serviamo ciecamente
al suo fine, ride ella frattanto del nostro
orgoglio che ci fa reputare l'universo creato
solo per noi, et noi soli degni e capaci di
dar leggi a tutto quello ch'esiste.

Andavà dianzi perdendomi per le campagne, inferrajuolato sino agli occhi, osservando lo squallore della terra tutta sepolta
sotto le nevi senza erba nè fronda che at-
testasse le sue passate dovizie. Nè potevano
gli occhi miei lungamente fissarsi su le spalle
de' monti, il vertice de' quali era immerso
in una negra nube di gelida nebbia che
piombava ad accrescere il lutto dell'aere
freddo ed ottenebrato. E mi parea di veder
quelle nevi disciogliersi e precipitare a torrenti che innondavano il piano, strascinandosi impetuosamente piante, armenti, capanne, e sterminando in un giorno le fatiche di tanti anni e le speranze di tante famiglie. Trapelava di quando in quando un
raggio di sole il quale quantunque restasse
poi vinto dalla caligine, lasciava pur dive-
dere che sua mercè soltanto il mondo non
era dominato da una perpetua notte profonda. Ed io rivolgendomi a quella parte di
cielo che albeggiando manteneva ancora le
tracce del suo splendore : o Sole, diss' io,
tutto cangia quaggiù ! ma tu giammai ,
eterna lampa, non ti cangi ? mai ! Pur verrà
dì che Dio ritirerà il suo sguardo da te, e tu

pure cadrai nel vano antico del caos: nè
più allora le nubi corteggeranno i tuoi raggi
cadenti; nè più l'alba inghirlandata di celesti rose verrà cinta di un tuo raggio su
l'oriente ad annunziar che tu sorgi. Godi
intanto della tua carriera. L'uomo solo non
gode de' suoi giorni, e se talvolta gli è dato
di passeggiare per li fiorenti prati d'aprile,
dee pur sempre temere l'infocato aere dell'
estate, e il ghiaccio mortale del verno.

22 gennajo.

Così va, caro amico:— stavami al mio focolare dove alcuni villani de' contorni s'adunano in cerchio per riscaldarsi, raccontan-
dosi a vicenda le loro novelle e le antiche
avventure. Entrò una fanciulla scalza, assi-
derata, e voltasi all'ortolano, lo richiese
della limosina per la povera vecchia. Mentre
ella stava rifocillandosi al fuoco, egli le
preparava due fasci di legne e due pani bigi.
La villanella se li prese, e salutandoci se ne
andò. Usciva io pure, e senz'avvedermi, la
seguitava calcando dietro le sue peste la

neve. Giunta a un mucchio di ghiaccio si
fermò cercando con gli occhi un altro sentiero, ed io raggiungendola : — andate lontano , buona ragazza ? — Niente più di
mezzo miglio, signore. — Parmi che i fasci
vi pesino troppo; lasciate che ne porti uno
anch' io. — I fasci tanto non mi sarebbero
di sì gran peso, se potessi sostenermeli su
le spalle con tutte due le braccia; ma questi
pani m'intrigano. — Or via, porterò i pani
dunque. — Non rispose, ma si fe' tutta rossa
e mi porse i pani ch'io mi riposi sotto il
tabarro. Dopo breve ora entrammo in una
capannuccia in mezzo la quale sedeva una
vecchierella con un caldano fra i piedi pieno
di brace sovra le quali stendeva le palme,
appoggiando i polsi su le estremità de' ginoc-
chi. — Buongiorno, buona madre ?—Buongiorno. — Come state, buona madre ? — Nè
a questa nè a dieci altre interrogazioni mi
fu possibile di trarre risposta; perchè essa
attendeva a riscaldarsi le mani, alzando gli
occhi di quando in quando per vedere se
eravamo ancora partiti. Posammo trattanto
quelle poche provvisioni; e a' nostri saluti
e alle promesse di ritornare domani la vec-

chia non rispose se non che un'altra volta
quasi per forza : Buongiorno.

Tornando a casa, la villanella mi raccontava, che quella donna ad onta di forse ot-
tanta anni e più, e di una difficilissima vita,
perchè talvolta avveniva che i temporali vie-
tavano a' contadini di recarle la limosina
che raccoglievano, in guisa che vedevasi
sul punto di perire di fame, tuttavia tremava ognor di morire e borbottava sempre
sue preci perchè il cielo la tenesse ancor
viva. Ho poi udito dire a' vecchj del conta-
do, che da molti anni le morì di un'archi-
bugiata il marito dal quale ebbe figliuoli e
figliuole, e quindi generi, nuore e nepoti
ch'ella vide tutti perire e cascarle l'un dopo
l'altro a' piedi nell'anno memorabile della
fame. — Eppur, caro amico, nè i passati nè
i presenti mali la uccidono, e brama ancora
una vita che nuota sempre in un mar di
dolore.

Ahi dunque! tanti affanni assediano la
nostra vita, che per mantenerla vuolsi non
meno che un cieco istinto prepotente per
cui (quantunque la natura ci porga i mezzi
di liberarcene) siamo spesso forzati a com-

perarla coll'avvilimento, col pianto, e talvolta ancor col delitto!

~~~~~~~~~~~~~~~~~~~

A TERESA.

9 febbrajo.

Eccomi sempre con te : sono omai cinque
giorni, ch'io non posso vederti, e tutti i miei
pensieri sono consecrati a te sola, a te con-
solatrice del mio cuore. È vero; io non ti
posso fare felice. Quel mio Genio, di cui
spesso ti parlo, mi condurrà al sepolcro per
la via delle lagrime. Io non posso farti felice... e lo diceva stamattina a tuo padre,
che sedea presso al mio letto e sorrideva
delle mie malinconie : ed io gli confessava,
che fuori di te nulla di lusinghiero, e di
caro mi resta in questa povera vita. Tutto è
follia, mia dolce amica; tutto pur troppo!
E quando questo mio sogno soave terminerà,
quando gli uomini, e la fortuna ti rapiranno
a questi occhi, io calerò il sipario : la gloria,
il sapere, la gioventù, le ricchezze tutti

(61)

fantasmi, che hanno recitato fino ad ora nella mia commedia, non fanno più per me: io calerò il sipario, e lascierò che gli uomini s'affannino per fuggire i dolori di una vita che ad ogni minuto si accorcia, e che pure que' meschini se la vorrebbero persuadere immortale. Addio addio. Suona mezzanotte: a dispetto della mia infreddatura io m'era posto tutto impellicciato presso al camminetto che mandava ancora le ultime fiamme, per rispondere due righe a mia madre, e senza avvedermene ho scritto una lettera lunga lunga e tutta malinconica come questa. Quanta diversità dal mio biglietto di jeri che era gajo come la Isabellina quando sorride! (1) E adesso, s'io proseguissi, tenterei invano di distormi dalle mie solite prediche. Buona notte dunque. — O! io sono intirizzito; il fuoco ha lasciato me, poichè s'avvedeva ch'io non mi preparava a lasciarlo.

---

(1) Questo biglietto non si trova più, com e pure parecchie altre lettere. *L'Editore.*

(62)

QUANDO l'anima è tutta assorta in una specie di beatitudine, le nostre deboli facoltà oppresse dalla somma del piacere diventano quasi stupide, mute, e incapaci di fatica. Che s'io non menassi una vita da santo, ti scriverei con un po' più di frequenza. Se le sventure aggravano il carico della vita, noi corriamo a farne parte a qualche infelice; ed egli tragge conforto dal sapere che non è il solo condannato alle lagrime. Ma se lampeggia qualche momento di felicità, noi ci concentriamo tutti in noi stessi, temendo che la nostra ventura possa, partecipandosi, diminuirsi, o l'orgoglio nostro soltanto ci consiglia a menarne trionfo. E poi sente assai poco la propria passione, o lieta o trista che sia, chi sa troppo minutamente descriverla.

Frattanto tutta la natura ritorna bella... bella così quale dev'essere stata quando nascendo per la prima volta dall'informe abisso del caos, mandò foriera la ridente aurora d'aprile; ed ella abbandonando i suoi

biondi capelli su l'oriente, e cingendo poi
a poco a poco l'universo del roseo suo man-
to, diffuse benefica le fresche rugiade, e
destò l'alito vergine de' venticelli per annunziare ai fiori, alle nuvole, alle onde e
agli esseri tutti che la salutavano, la com-
parsa del Sole: del Sole! sublime immagine
di Dio, luce, anima, vita di tutto il creato.

6 aprile.

È vero; troppo! questa mia fantasia mi
dipinge così realmente la felicità ch'io de-
sidero e me la pone dinanzi agli occhi e sto
lì lì per toccarla con mano e mi mancano
ancor pochi passi... e poi? l'infelice mio
cuore se la vede svanire e piange quasi per-
desse un bene posseduto da lungo tempo.
Ma tuttavia... — egli le scrive che la cabala
forense gli fu da prima cagion di ritardo, e
che poi la rivoluzione ha interrotto per
qualche giorno il corso de' tribunali : aggiungi l'interesse che soffoca tutte le altre
passioni, un nuovo amore forse... — ma tu

dirai; e tutto ciò cosa importa? Nulla, carò
Lorenzo : a Dio non piaccia ch'io mi pre-
valga della freddezza d'Odoardo... ma non
so come si possa starle lontano un sol giorno
di più! — Andrò dunque ognor più lusin-
gandomi per tracannarmi poscia la mortale
bevanda che mi sarò io medesimo prepa-
rata?

~~~~~~~~~~~~~~~~~~

11 aprile.

ELLA sedeva sopra un sofà rimpetto la
finestra delle colline, osservando le nuvole
che passeggiavano per l'ampiezza del cielo.
Vedi, mi disse, quell'azzurro profondo! Io
le stava accanto muto muto con gli occhi
fissi su la sua mano che tenea socchiuso un
libricciuolo. — Io non so come.... ma non
mi avvidi che la tempesta cominciava a mug-
gire, e il settentrione atterrava le piante più
giovani. Poveri arbuscelli! esclamò Teresa.
Mi scossi. S'addensavano le tenebre della
notte che i lampi rendeano più negre. Dilu-
viava.... tuonava. — Poco dopo vidi le fines-

tre chiuse, e i lumi nella stanza. Il ragazzo
per far ciò ch'ei solea fare tutte le sere e temendo del mal-tempo, venne a rapirci lo
spettacolo della natura adirata; e Teresa che
stava sopra pensiero, non se ne accorse e lo
lasciò fare.

Le tolsi di mano il libro e aprendolo a
caso, lessi :

«La tenera Gliceria lasciò su queste mie
»labbra l'estremo sospiro! Con Gliceria ho
»perduto tutto quello ch'io poteva mai per-
»dere. La sua fossa è il solo palmo di terra
»ch'io degni chiamar mio. Niuno, fuori di
»me, ne sa il luogo. L'ho coperta di folti
»rosaj i quali fioriscono come un giorno
»fioriva il suo volto, e diffondono la fra-
»granza soave che spirava il suo seno. Ogni
»anno nel mese delle rose io visito il sacro
»boschetto. Siedo su quel cumulo di terra
»che serba le sue ossa ; colgo una rosa, e....
»sto meditando : *tal tu fiorivi un dì!* — E sfo-
»glio quella rosa, e la sparpaglio.... e mi
»rammento quel dolce sogno de' nostri
»amori. O mia Gliceria, ove sei tu?... una
»lagrima cade su l'erba che spunta su la
»sua sepoltura, e appaga l'ombra amorosa. »

Tacqui. — Perchè non leggete ? diss' ella sospirando e guardandomi. Io rileggeva : e tornando a proferir nuovamente : *tal tu fiorivi un dì* !.... la mia voce soffocata si arresta ; una lagrima di Teresa gronda su la mia mano che stringe la sua....

~~~~~~~~~~~~~~~~

17 aprile.

Ti risovviene di quella giovinetta che quattro anni fa villeggiava appie' di queste colline? Era ella innamorata del nostro Olivo P***, e tu sai ch'egli, impoverito, non potè più averla in isposa. Oggi io l'ho riveduta maritata a un nobile, parente della famiglia T***. Passando per le sue possessioni, venne a visitare Teresa. Io sedeva per terra attento all'esemplare della mia Isabellina che scrivea l'*abbici* sopra una sedia. Com' io la vidi, m'alzai correndole incontro quasi quasi per abbracciarla : — quanto diversa ! contegnosa, affettata, stentò pria di conoscermi, e poi fece le maraviglie masticando un complimentuccio mezzo a me, mezzo a Teresa....

ed io scommetto ch'ella lo aveva imparato a
memoria, e che la mia vista non preveduta
l'ha sconcertata. Cinguettò e di giojelli e di
nastri e di vezzi e di cuffie. Nauseato io di
sì fatte frascherie, tentai il suo cuore ram-
mentandole queste campagne e que' giorni
beati.... Ah, ah, rispose sbadatamente, e
proseguì ad anatomizzare l'oltramontano *tra-
vaglio* de' suoi orecchini. Il marito frattanto
(perchè egli fra il *Popolone de' pigmei* ha
scroccato fama di *savant* come l'Algarotti e
il****) gemmando il suo pretto *parlare* toscano di mille frasi francesi, magnificava il
prezzo di quelle inezie, e il buon gusto della
sua sposa. Stava io per prendere il mio cappello, ma un'occhiata di Teresa mi fe' star
cheto. La conversazione venne di mano in
mano a cadere su' libri che noi leggevamo
in campagna. Allora tu avresti udito Mes-
sere tesserci il panegirico della *prodigiosa*
biblioteca de' suoi maggiori, e della colle-
zione di tutte l'edizioni degli antichi storici
ch'ei ne' suoi viaggi si prese la cura di *com-
pletare.* Io rideva, ed ei proseguiva la sua
lezione di frontespizj. Quando Gesù volle,
tornò un servo ch'era ito in traccia del si-

gnore T*** ad avvertire Teresa che non
l'avea potuto trovare, perchè egli era uscito
a caccia per le montagne; e la lezione fu
interrotta. Chiesi alla sposa novelle di Olivo
ch'io dopo le sue disgrazie non avea più
veduto. Immagina com'io restassi quando
m'intesi freddamente rispondere dall'antica
sua amante : egli è morto : — È morto! scla-
mai balzando in piedi, e guatandola stupi-
dito. Descrissi quindi a Teresa l'egregia indole di quel giovine senza pari, et la sua
nemica fortuna che lo astrinse a combattere
con la povertà e con la infamia; e morì nondimeno scevro di taccia e di colpa.

Il marito allora prese a narrarci la morte
del padre di Olivo, le pretensioni di suo
fratello primogenito, le liti sempre più acca-
nite, e la sentenza de' tribunali che giudici
fra due figlj di uno stesso padre, per arric-
chire l'uno, spogliarono l'altro; divoratosi
il povero Olivo fra le cabale del foro anche
quel poco che gli rimanea. Moralizzava su
questo giovine *stravagante* che ricusò i soc-
corsi di suo fratello, e invece di placarselo,
lo inasprì sempre più... — Sì sì, lo inter-
ruppi : se suo fratello non ha potuto essere

giusto, Olivo non doveva essere vile. Tristo colui che ritira il suo cuore dai consigli e dal compianto dell' amicizia, e sdegna i mutui sospiri della pietà e rifiuta il parco soccorso che la mano dell'amico gli porge. Ma ben mille volte più tristo chi confida nell' amicizia del ricco e presumendo virtù in chi non fu mai sciagurato, accoglie quel beneficio che dovrà poscia scontare con altrettanta onestà. La felicità non si collega con la sventura che per comperare la gratitudine e tiranneggiare la virtù. L'uomo smanioso di opprimere, profitta dei capriccj della fortuna per acquistare un diritto di prepotenza. I soli infelici sanno vendicare gli oltraggi della sorte, consolandosi scambievolmente; ma colui che giunse a sedere alla mensa del ricco, tosto, benchè tardi s'avvede

> Come sa di sale
> Lo pane altrui (1).

E per questo, oh quanto è men doloroso andar accattando di porta in porta la vita,

---

(1) Dante.

anzichè umiliarsi, o esecrare l'indiscreto benefattore che ostentando il suo benefi-cio, esige in ricompensa il tuo rossore e la tua libertà! —

Ma voi, mi rispose il marito, non mi avete lasciato finire. Se Olivo uscì dalla casa paterna, rinunziando tutti gli interessi al primogenito, perchè poi volle pagare i de-biti di suo padre? Non andò incontro egli stesso alla indigenza ipotecando per questa sciocca delicatezza anche la sua porzione della dote materna?

— Perchè ?... se l'erede defraudò i cre-ditori co' sutterfugj forensi, Olivo non po-tea comportare che le ossa di suo padre fos-sero maladette da coloro che nelle avversità lo aveano soccorso con le loro sostanze; e ch'ei fosse mostrato a dito per le strade come il figliuolo di un fallito. Questa gene-rosità diffamò il primogenito il quale dopo avere invano tentato il fratello co' beneficj, gli giurò poscia inimicizia mortale e vera-mente fraterna. Olivo intanto perdè l'ajuto di quelli che lo lodavano forse nel loro se-creto, perchè restò soverchiato dagli scelle-rati, essendo più agevole approvar la virtù,

che sostenerla a spada tratta e seguirla. Per
questo l' uomo dabbene in mezzo a' malvagi
rovina sempre ; e noi siam soliti ad asso-
ciarci al più forte, a calpestare chi giace ,
e a giudicar dall' evento.

Io invece di piangere Olivo ringrazio il
sommo Iddio che lo ha chiamato lontano
da tante ribalderie, e dalle nostre imbecil-
lità. Vi son certi uomini che hanno bisogno
della morte perchè non sanno assuefarsi alla
feccia de' nostri delitti. —

La sposa parea intenerita. Oh pur troppo !
esclamò con un sospiro affettato. Ma... chi
per altro ha bisogno di pane non deve assot-
tigliarsi tanto su l' onore. —

Inaudita bestemmia! proruppi : voi dunque perchè favoriti dalla fortuna vorreste
essere virtuosi voi soli; anzi perchè la virtù
su la oscura vostr'anima non risplende, vorreste reprimerla anche nei petti degl' infelici, che pure non hanno altro conforto, e
illudere in questa maniera la vostra coscienza ? — Gli occhi di Teresa mi davano
ragione ed io proseguiva. — Coloro che non
furono mai sventurati, non sono degni della
loro felicità. Orgogliosi ! guardano la mise-

ria per insultarla : pretendono che tutto
debba offrirsi in tributo alla ricchezza e al
piacere. Ma l'infelice che serba la sua di-
gnità è uno spettacolo di coraggio a' buoni,
e di rimbrotto a' malvagi. — Io gridava
come un indiavolato... e sono uscito caccian-
domi le mani ne' capelli. Grazie a' primi
casi della mia vita che mi costituirono sventurato! Lorenzo mio! io non sarei forse tuo
amico; io non sarei amico di questa fanciulla. — Mi sta sempre davanti l'avveni-
mento di stamattina. Qui... dove siedo solo,
tutto solo, mi guardo intorno e temo di
rivedere alcuno de' miei conoscenti. Chi
l'avrebbe mai detto? Il cuore di colei non
ha palpitato al nome del suo primo amore!
ella anzi ha osato turbare le ceneri di lui
che le ha per la prima volta ispirato l'universale sentimento della vita. Nè un solo
sospiro?... ma che stravaganza! affliggersi
perchè non si trova fra gli uomini quella
virtù che forse, ahi! forse non è che voto
nome...

Io non ho l'anima negra; e tu il sai, mio
Lorenzo; nella mia prima gioventù avrei
sparso fiori su le teste di tutti i viventi: chi,

chi mi ha fatto così rigido e ombroso verso
la più parte degli uomini se non la loro perfidia? Perdonerei tutti i torti che mi hanno
fatto. Ma quando mi passa dinanzi la vene-
rabile povertà che mentre s'affatica, mostra
le sue vene succhiate dalla onnipotente opu-
lenza; e quando io vedo tanti uomini, in-
fermi, imprigionati, affamati, e tutti sup-
plichevoli sotto il terribile flagello di certe
leggi... ah no, io non mi posso riconciliare.
Io grido allora vendetta con quella turba di
tapini co' quali divido il pane e le lagrime;
e ardisco ridomandare in lor nome la porzione che hanno ereditato dalla natura,
madre benefica ed imparziale.

Sì, Teresa, io vivrò teco; ma teco soltanto.
Tu sei uno di que' pochi angioli sparsi qua
e là su la faccia della terra per accreditare
la virtù, ed infondere negli animi perseguitati ed afflitti l'amore dell'umanità. Ma s'io
ti perdessi, quale scampo si aprirebbe a
questo giovine infastidito di tutto il resto
del mondo?

Se poco fa tu l'avessi veduta! mi stringeva
la mano, dicendomi — siate discreto; in
verità quelle due oneste persone mi pareano

4

compunte : e se Olivo non fosse stato infelice, avrebbe avuto anche oltre la tomba un
amico ?

Ahi ! proseguì dopo un lungo silenzio :
per amar la virtù conviene dunque vivere
nel dolore ? — Lorenzo, Lorenzo! l'anima
sua celeste risplendeva ne' lineamenti del
viso...

29 aprile.

VICINO a lei io sono sì pieno della esistenza che appena sento di esistere. Così
quand' io mi desto dopo un pacifico sonno,
se il raggio del sole mi riflette su gli occhi,
la mia vista si abbaglia e si perde in un torrente di luce.

Da gran tempo mi lagno della inerzia in
cui vivo. Al riaprirsi della primavera mi
proponeva di studiare botanica; e in due
settimane io aveva raccolte alcune centinaja
di piante che adesso non so più dove sieno.
Mi sono assai volte dimenticato il mio *Lin-
neo* sopra i sedili del giardino, oppiè di

qualche albero : l' ho finalmente perduto.
Jeri Michele me ne ha recati due foglj tutti
umidi di rugiada ; e stamattina mi raccontava che il rimanente era stato mal concio
dal cane dell' ortolano.

Teresa mi sgrida : per contentarla mi
pongo a scrivere ; ma sebbene incominci
con la più bella vocazione che mai, non so
andar innanzi per più di tre righe. Mi pro-
pongo mille argomenti ; mi s' affacciano
mille idee; scelgo, rigetto, poi torno a sce-
gliere; scrivo finalmente, straccio, cancello,
e perdo qualche volta una intera giornata;
la mente si stanca, le dita abbandonano la
penna, e mi avveggo d'avere gittato il tempo
e la fatica.

La pazza figura ch'io fo quand' ella siede
lavorando, ed io leggo! M'interrompo a
ogni tratto, ed ella : proseguite! Torno a
leggere; dopo due carte la mia pronunzia
diventa più rapida e termina borbottando
in cadenza : Teresa s'affanna : leggete un
po' meglio : — io continuo; ma gli occhi
miei, non so come, si sviano insensibil-
mente dal libro, e si trovano frattanto im-
mobili su quell'angelico viso. Divento muto;

cade il libro e si chiude; perdo il segno, nè
so più ritrovarlo.

Ma pure.... se potessi afferrare tutti i pensieri che mi passano per la mente! ne vo
tratto tratto segnando su i cartoni e su i
margini del mio Plutarco. — Ho incomin-
ciata la storia di Lauretta per mostrare al
mondo in quella sfortunata lo specchio della
fatale infelicità de' mortali. T' includo quel
po' che ho scritto. E viviti lieto.

FRAMMENTO

DELLA STORIA DI LAURETTA.

———

« Non so se il cielo badi alla terra. Ma se
» ci ha qualche volta badato (o almeno il
» primo giorno che la umana *razza* ha inco-
» minciato a formicolare) io credo ch' egli
» abbia scritto negli eterni libri :

L' UOMO SARA' INFELICE.

» Nè oso appellarmi di questa sentenza, per-
» chè non saprei forse a che tribunale, tanto

» più che mi giova crederla utile alle tante
» altre *razze* viventi ne' mondi innumerabili.
» Ringrazio nondimeno quella Mente che
» mescendosi nell' immenso mondo degli
» esseri, li fa sempre rivivere, agitandoli;
» perchè con le miserie, ci ha dato almeno
» il dono del pianto, ed ha punito coloro
» che con una insolente filosofia si vogliono
» ribellare dalla umana sorte, negando loro
» gl' inesausti piaceri della compassione. —
» *Se vedi alcuno addolorato e piangente non*
» *piangere* (1). Stoico! non sai tu che le la-
» grime di un uomo compassionevole sono
» per gl' infelici più dolci della rugiada su
» l' erbe appassite?
·   » O Lauretta! io piansi con te sul sepolcro
» del tuo povero amante, e mi ricordo che
» la mia compassione temprava l' amarezza
» del tuo dolore. T' abbandonavi sul mio
» seno e i tuoi biondi capelli mi coprivano
» il volto, e il tuo pianto bagnava le mie
» guance; poi traevi un fazzoletto e m' asciu-
» gavi, ed asciugavi le tue lagrime che tor-

_____

(1) Epitteto; manuale, xii.

» navano a sgorgarti dagli occhi e scorrerti
» su le labbra : — abbandonata da tutti!...
» ma io no; non ti ho abbandonata mai.

» Quando tu erravi fuor di te stessa per
» le romite spiagge del mare, io seguiva fur-
» tivamente i tuoi passi per poterti salvare
» dalla disperazione del tuo dolore. Poi ti
» chiamava a nome, e tu mi stendevi la
» mano, e sedevi al mio fianco. Saliva in
» cielo la luna, e tu guardandola cantavi
» pietosamente... taluno avrebbe osato deri-
» derti : ma il Consolatore de' disgraziati
» che guarda con un occhio stesso e la pazzia
» e la saviezza degli uomini, e che com-
» piange e i loro delitti e le loro virtù...
« udiva forse le tue meste voci, e t'ispirava
» qualche conforto : le preci del mio cuore
» t'accompagnavano : a Dio sono accetti i
» voti, e i sacrificj delle anime addolorate!
» — I flutti gemeano con flebile fiotto, e i
» venti che gl'increspavano gli spingeano a
» lambir quasi la riva dove noi stavamo se-
» duti. E tu alzandoti appoggiata al mio
» braccio t'indirizzavi a quel sasso ove ti
» parea di vedere ancora il tuo Eugenio, e
» sentir la sua voce, e la sua mano, e i suoi...

» baci. — Or che mi resta? esclamavi; la
» guerra mi allontana i fratelli, e la morte
» mi ha rapito il padre e l'amante; abban-
» donata da tutti!...
   » O bellezza, genio benefico della natura!
» Ove mostri l'amabile tuo sorriso scherza
» la gioja, e si diffonde la voluttà per eter-
» nare la vita dell'universo : chi non ti co-
» nosce e non ti sente incresca al mondo e a
» se stesso. Ma quando la virtù ti rende più
» vereconda e più cara, e le sventure, toglien-
» doti la baldanza e la invidia della felicità,
» ti mostrano ai mortali coi crini sparsi e
» privi delle allegre ghirlande... chi è colui
» che può passarti davanti e non altro offrirti
» che un' inutile occhiata di compassione?
   » Ma io t'offriva, o Lauretta, le mie la-
» grime, e questa capanna dove *tu avresti*
» *mangiato del mio pane, e bevuto nella mia*
» *tazza.* Tutto quello ch'io aveva! e meco
» forse la tua vita sebbene non lieta, sarebbe
» stata libera almeno e pacifica. Il cuore
» nella solitudine e nella pace va a poco a
» poco obbliando i suoi affanni; perchè la
» libertà regna soltanto in grembo alla sem-
» plice e solitaria natura. E dove tu sei,

» libertà, le petrose rupi s'ornano d'arbu-
» scelli, e borea frena i suoi turbini.

  » Una sera d'autunno la luna appena si
» mostrava alla terra rifrangendo i suoi raggi
» su le nuvole trasparenti , che accompa-
» gnandola l'andavano tratto tratto copren-
» do, e che sparse per l'ampiezza del cielo
» rapiano al mondo le stelle. Noi stavamo
» intenti ai lontani fuochi de' pescatori, e al
» canto del gondoliere che col suo remo
» rompea il silenzio e la calma dell'oscura
» laguna. Ma Lauretta volgendosi, cercò con
» gli occhi intorno il suo cagnuolino ed errò
» lunga pezza chiamandolo : stanca final-
» mente tornò dov'io sedeva e guardandomi
» parea che volesse dirmi : anch'egli mi ha
» già abbandonato; e tu forse?...

  » Io ? — Chi l'avrebbe mai detto che
» quella dovesse essere l'ultima sera ch'io
» la vedeva. Ella era vestita di bianco ; un
» nastro cilestro raccogliea le sue chiome,
» e tre mammole appassite spuntavano in
» mezzo al lino che copriva il suo seno. —
» Io l'ho accompagnata fino alla porta della
» sua casa; e sua madre che venne ad aprirci
» mi ringraziava della cura ch'io mi prendeva

» per la sua disgraziata figliuola. Quando fui
» solo m'accorsi che m'era rimasto fra le
» mani il suo fazzoletto: lo renderò domani,
» diss'io.

» I suoi mali incominciavano già a miti-
» garsi, ed io forse... — è vero; io non po-
» teva darti il tuo Eugenio; ma ti sarei stato
» sposo, padre, fratello. La persecuzione de'
» tiranni proscrisse improvvisamente il mio
» nome, nè ho potuto, o Lauretta, lasciarti
» neppur l'ultimo addio.

» Quand'io penso all'avvenire e mi chiudo
» gli occhi per non conoscerlo e tremo e mi
» abbandono colla memoria a' giorni pas-
» sati, io vo per lungo tratto vagando sotto
» gli alberi di queste valli, e mi ricordo le
» sponde del mare, e i fuochi lontani, e il
» canto del gondoliere. M'appoggio ad un
» tronco... sto pensando; *il cielo me l'avea*
» *conceduta; ma l'avversa fortuna me l'ha*
» *rapita!* traggo il suo fazzoletto : *infelice*
» *chi ama per ambizione! ma il tuo cuore, o*
» *Lauretta, è fatto per la schietta natura :*
» m'asciugo gli occhi, e torno sul far della
» notte alla mia casa.

» Che fai tu frattanto? torni errando lungo

» le spiagge e porgendo inni e lagrime a
» Dio ? — Vieni ! tu corrai le frutta del
» mio giardino; *tu berrai nella mia tazza, tu*
» *mangerai del mio pane :* se tornerà il tuo
» cagnuolino, io ne prenderò cura perchè
» non vada smarrito per le campagne. Quan-
» do si risveglierà il tuo martirio, e lo spi-
» rito sarà vinto dalla passione, io ti verrò
» dietro per sostenerti in mezzo al cammino,
» e per guidarti, se ti smarrissi, alla mia
» casa; ma ti verrò dietro tacitamente per
» lasciarti libero almeno il conforto del
» pianto. Io ti sarò padre, fratello... ma,
» il mio cuore... se tu sapessi, il mio cuore!
» — una lagrima bagna la carta e cancella
» ciò che vado scrivendo.

» Io l'ho veduta con i fiori della gioventù
» e della bellezza; e poi tradita, raminga,
» orfana. Io l'ho veduta baciare le labbra
» morenti del suo unico consolatore... e
» poscia inginocchiarsi con pietosa super-
» stizione davanti a sua madre lagrimando
» e pregandola acciocchè ritirasse la male-
» dizione che ne' giorni del furore quella
» madre infelice aveva fulminata contro la
» sua figliuola. — Così la povera Lauretta

» mi lasciò nel cuore per sempre la compas-
» sione delle sue sventure. Preziosa eredità
» ch'io ora dividerò con voi, uomini sven-
» turati... con voi a'quali non resta altro
» conforto che di amare la virtù e di com-
» piangerla. Voi non mi conoscete, ma io,
» chiunque voi siate, sono sempre il vostro
» amico.

» Un giorno forse, un giorno, se questi
» pochi fogli ch'io dal mio romitorio con-
» sacro alle tue disgrazie, cadranno sotto gli
» occhi di colui che senza avere pietà alla
» tua bellezza e alla tua gioventù, ti trasse
» dalla casa paterna e ti rapì il fiore della
» innocenza, ah sì... egli verserà fra i ri-
» morsi una lagrima su la tua virtù che, pur
» troppo! ti ha ridotta più misera. E che può
» mai la virtù quando il destino domanda
» la vittima? — Ma tu no, Lauretta, benchè
» la tua smarrita ragione abbia abbandonato
» il tuo cuore, tu non amerai più l'uomo
» che ti ha tradito. Nella tua umiliazione,
» sdegnerai di essere sollevata da quella ma-
» no che ti ha guidato su la via del dolore.
» I suoi beneficj potrebbero insanguinarti
» più de' suoi delitti. L'unico che ti po-

» tea consolare era Eugenio... ma Euge-
--» nio...».

~~~~~~~~~~~~~~~~

4 maggio.

Hai tu veduto dopo i giorni della tempesta prorompere fra l'auree nuvole dell'
oriente il vivo raggio del sole e riconsolar
la natura? Tale per me è la vista di costei.
Discaccio i miei desiderj, condanno le mie
speranze, piango i miei inganni: no; io non
la vedrò più; io non l'amerò. Odo una voce
che mi chiama traditore; la voce di suo padre! M'adiro contro me stesso, e sento risorgere nel mio cuore una virtù sanatrice, un
pentimento... Eccomi dunque fermo nella
mia risoluzione; fermo più che mai : ma
poi ? — All'apparir del suo volto ritornano
le mie illusioni, e l'anima mia si trasforma,
e obblia se medesima, e s'imparadisa nella
contemplazione della bellezza.

8 maggio.

ELLA non t'ama e se pure volesse amarti nol può. È vero, Lorenzo : ma s'io consentissi a strapparmi il velo dagli occhi, dovrei subito chiuderli in sonno eterno; poichè senza questo angelico lume, la vita mi sarebbe terrore, il mondo caos, la natura notte e deserto. — Anzichè spegnere le faci che rischiarano la prospettiva teatrale e disingannare villanamente gli spettatori, non è assai meglio calar del tutto il sipario, e lasciarli nella loro illusione? *Ma se l'inganno ti nuoce:* — che monta? se il disinganno mi uccide!

Una domenica intesi il Parroco che sgridava i villani perchè s'ubbriacavano. Egli frattanto non s'accorgeva che avvelenava a que' meschini il conforto di addormentare nell' ebbrietà della sera le fatiche del giorno, di non sentir l'amarezza del loro pane bagnato di sudore e di lagrime, e di non pensare al rigore e alla fame che il vicino verno minaccia.

CONVIENE dire ohe la natura abbia pur d' uopo di questo globo, e della specie di viventi litigiosi che lo stanno abitando. E per provvedere alla conservazione di tutti, anzichè legarci in reciproca fratellanza, ha costituito ciascun uomo così amico di se medesimo che volentieri aspirerebbe all' esterminio dell' universo per vivere più sicuro della propria esistenza e rimanersi despota solitario di tutto il creato. Niuna generazione ha mai veduto per tutto il suo corso la dolce pace; la guerra fu sempre l'arbitra de' diritti, e la forza ha dominato tutti i secoli. Così l'uomo or aperto, or secreto, e sempre implacabile nemico della umanità, conservandosi con ogni mezzo, cospira all' intento della natura che ha d' uopo della esistenza di tutti: e l'uman genere, quantunque divori perpetuamente se stesso, vive, e si propaga. — Odi.

Di buon' ora ho accompagnato Teresa e sua sorellina in casa di una lor conoscente venuta a villeggiare. Credeva di desinare in

lor compagnia, ma per mia disgrazia aveva
fin dalla settimana passata promesso al chirurgo di andare a pranzo con lui, e se Teresa non me ne facea sovvenire, io, a dirti
la verità, me n'era dimenticato. Mi vi sono
dunque avviato un'oretta innanzi il mezzogiorno; ma affannato dal caldo, mi sono
alla metà della strada coricato sotto un ulivo: al vento di jeri fuor di stagione, oggi è
succeduta un'arsura nojosissima; e me ne
stava lì al fresco spensieratamente come se
avessi già desinato. Voltando la testa mi
sono avveduto di un contadino che guarda-
vami bruscamente : — Che fate voi quì ?
— Sto, come vedete, riposando.
— Avete voi possessioni? — percuotendo
la terra col calcio del suo schioppo.
— Perchè?
— Perchè ?... perchè ? sdrajatevi su i
vostri prati, se ne avete, e non venite a pe-
stare l'erba degli altri : — e partendo — fate
ch'io tornando, vi trovi!
Io non mi era mosso, ed egli se n'era ito.
A bella prima, io non aveva badato alle sue
bravate; ma... ripensandoci; *se ne avete!*
e se la fortuna non avesse conceduto a'miei

padri due passi di terreno, tu m'avresti negato anche nella parte più sterile del tuo prato l'estrema pietà del sepolcro! — ma osservando che l'ombra dell'ulivo diventava più lunga, mi sono ricordato del pranzo.

Poco fa tornandomi a casa ho trovato su la mia porta l'uomo stesso di stamattina: — Signore, vi stava aspettando; se mai... vi foste adirato meco; vi domando perdono.

— Riponete il cappello; io non me ne sono già offeso. — Perchè mai questo mio cuore nelle stesse occasioni ora è pace pace, ora è tutto tempesta?

Diceva quel viaggiatore; *il flusso e riflusso de' miei umori governa tutta la mia vita.* Forse un minuto prima il mio sdegno sarebbe stato assai più grave dell'insulto.

Perchè dunque abbandonarci al capriccio del primo che ne offende, permettendo ch'egli ci possa turbare con una ingiuria non meritata? Vedi come l'amor proprio adulatore tenta con questa pomposa sentenza di ascrivermi a merito un'azione che è derivata forse da... chi lo sa? In pari occasioni non ho usato di eguale moderazione: è vero che passata un'ora ho filosofato contro di me; ma la ragione è venuta zoppicando; e il pentimento, per chi aspira alla saviezza, è sempre tardo : ma ... nè io v'aspiro : io non sono che un di que' tanti figliuoli della terra, non altro; e porto meco tutte le passioni e le miserie della mia specie.

Il contadino proseguiva : — Vi ho fatto villania, ma io non vi conosceva; que' lavoratori che segavano il fieno ne' prati vicini mi hanno dopo avvertito.

— Non importava, buon uomo : come va il grano quest' anno?

— Bene... ma vi prego, caro signore, scusatemi; non vi conosceva.

— Buon uomo; o conoscendo o non conoscendo non offendete nessuno, perchè correte sempre pericolo o di provocare il potente, o di maltrattare il debole : per me, potete starvene in pace.

— Dice bene il signore; Dio gliene rimeriti. — E se ne andò.

Intanto ? crescono ogni giorno i martiri perseguitati dal nuovo usurpatore della mia patria. Quanti andranno tapinando e profughi ed esiliati, senza il letto di poca erba

o l'ombra di un ulivo ... Dio lo sa! Lo straniero infelice è cacciato perfino dalla balza
dove le pecore pascono tranquillamente.

~~~~~~~~~~~~~~~~

<div align="right">12 maggio.</div>

Non ho osato no, non ho osato. — Io poteva abbracciarla e stringerla quì, a questo
cuore. L'ho veduta addormentata : il sonno
le tenea chiusi que' grandi occhi neri, ma le
rose del suo sembiante si spargeano allora
più vive che mai su le sue guance rugiadose.
Giacea il suo bel corpo abbandonato sopra
un sofà. Un braccio le sosteneva la testa e
l'altro pendea mollemente. Io l'ho più volte
veduta a passeggiare e a danzare, mi sono
sentito sin dentro l'anima e la sua arpa e la
sua voce, e l'ho adorata pien di spavento
come se l'avessi veduta discendere dal paradiso.... ma così bella come oggi, io non
l'ho veduta mai, mai. Le sue vesti mi las-
ciavano travedere i contorni di quelle ange-
liche forme ; e l'anima mia le contemplava
e.... che posso dirti? tutto il furore e l'es-

tasi dell'amore mi aveano infiammato e rapito fuori di me. Io toccava come un divoto
e le sue vesti e le sue chiome odorose e il
mazzetto di fiori ch'ella aveva in mezzo al
suo seno.... sì sì, sotto questa mano divenuta sacra ho sentito palpitare il suo cuore.
Io respirava gli aneliti della sua bocca soc-
chiusa.... io stava per succhiare tutta la voluttà di quelle labbra celesti.... un suo bacio! e avrei benedette le lagrime che da tanto
tempo bevo per lei.... — Ma allora allora io
l'ho sentita sospirare fra il sonno : mi sono
arretrato respinto quasi da una mano divina.
T'ho insegnato io forse ad amare, ed a piangere? e cerchi tu un breve istante di sonno
perchè ti ho turbate le tue notti innocenti e
tranquille? a questo pensiero me le sono
prostrato davanti immobile immobile ratte-
nendo il sospiro : — e sono fuggito per non
ridestarla alla vita angosciosa in cui geme.
Non si querela e questo mi strazia ancor
più : ma quel suo viso sempre più mesto, e
quel guardarmi con tanta pietà, e tremare
sempre al nome di Odoardo, e sospirare sua
madre.... ah! il cielo non ce l'avrebbe conceduta se non dovesse anch'ella partecipare

del sentimento del dolore. Eterno Iddio!
esisti tu per noi mortali? o sei tu padre
snaturato verso le tue creature? So che
quando hai mandato su la terra la virtù tua
figliuola primogenita le hai data per guida
la sventura. Ma perchè poi lasciasti la giovi-
nezza e la beltà così deboli da non poter
sostenere le discipline di sì austera istitu-
trice? In tutte le mie afflizioni ho alzato le
braccia sino a te, ma non ho osato nè mor-
morare nè piangere: ahi adesso! e perchè
farmi conoscere la felicità s'io doveva bra-
marla sì fieramente, perderne la speranza per
sempre? — per sempre! no no, Teresa è
mia, tutta; tu me l'hai conceduta perchè
mi creasti un cuore capace di amarla immensamente, eternamente.

14 maggio.

S'io fossi pittore! quale ampia materia
al mio pennello! l'artista immerso nella
idea deliziosa del bello addormenta o mitiga
almeno tutte le altre passioni. — Ma.... se
anche fossi pittore? ho veduto ne' pittori e
ne' poeti la bella e talvolta anche la schietta
natura, ma la natura somma, immensa, ini-
mitabile non l'ho veduta dipinta mai. Omero, Dante, e Shakespeare, i tre maestri di
tutti gl'ingegni sovrumani, hanno investito
la mia immaginazione ed infiammato il mio
cuore : ho bagnato di caldissime lagrime i
loro versi; e ho adorato le loro ombre di-
vine come se le vedessi assise su le volte
eccelse che sovrastano l'universo a domi-
nare l'eternità. Pure gli originali che mi
vedo davanti mi riempiono tutte le potenze
dell'anima, e non oserei, Lorenzo.... non
oserei, se anche si trasfondesse in me Michelangelo, tirarne le prime linee. Sommo
Iddio! quando tu miri una sera di primavera ti compiaci forse della tua creazione?
tu mi hai versato per consolarmi una fonte

inesausta di piacere, ed io l'ho guardata sovente con indifferenza. — Su la cima del
monte indorato dai pacifici raggi del sole
che va mancando, io mi vedo accerchiato
da una catena di colli su i quali ondeggiano
le messi, e si scuotono le viti sostenute in
ricchi festoni dagli ulivi e dagli olmi : le
balze e i gioghi lontani van sempre cres-
cendo come se gli uni fossero imposti su
gli altri. Di sotto a me le coste del monte
sono spaccate in burroni infecondi fra i
quali si vedono offuscarsi le ombre della
sera che a poco a poco si innalzano; il fondo
oscuro e orribile sembra la bocca di una
voragine. Nella falda del mezzogiorno l'aria
è signoreggiata dal bosco che sovrasta e of-
fusca la valle dove pascono al fresco le pecore, e pendono dall'erta le capre sbran-
cate. Cantano flebilmente gli uccelli come
se piangessero il giorno che muore, mug-
ghiano le giovenche, e il vento pare che si
compiaccia del susurrar delle fronde. Ma da
settentrione si dividono i colli, e s'apre
all'occhio una interminabile pianura : sì
distinguono ne' campi vicini i buoi che tor-
nano a casa; lo stanco agricoltore li siegue

appoggiato al suo bastone; e mentre le madri e le mogli apparecchiano la cena all'af-
faticata famiglia, fumano le lontane ville
ancor biancicanti, e le capanne disperse per
la campagna. I pastori mungono il gregge,
e la vecchierella che stava filando su la porta
dell'ovile, abbandona il lavoro e va carez-
zando e fregando il torello, e gli agneletti
che belano intorno alle loro madri. La vista
intanto si va dilungando, e dopo lunghis-
sime file di alberi e di campi termina nell'
orizzonte dove tutto si minora e si confonde:
lancia il sole partendo pochi raggi, come
se quelli fossero gli estremi addio che dà
alla natura; le nuvole rosseggiano, poi vanno
languendo, e pallide finalmente si abbu-
jano : allora la pianura si perde, l'ombre
si diffondono su la faccia della terra, ed io,
quasi in mezzo all'oceano, da quella parte
non vedo che il cielo.

Jeri sera appunto io scendeva a passo a
passo dal monte. Il mondo era in cura alla
notte, ed io non sentiva che il canto della
villanella, e non vedeva che i fuochi de' pastori. Scintillavano tutte le stelle, e mentr'io
salutava ad una ad una le costellazioni, la

mia mente contraeva un non so che di celeste , ed il mio cuore s' innalzava come se
aspirasse ad una regione più sublime assai
della terra. Mi sono trovato su la monta-
gnuola presso la chiesa : suonava la campana
de' morti , e un senso d' umanità trasse i
miei sguardi sul cimiterio dove ne' loro cumuli coperti di erba dormono gli antichi
padri della villa : — Abbiate pace, o nude
reliquie : la materia è tornata alla materia;
nulla scema, nulla cresce, nulla si perde
quaggiù; tutto si trasforma e si riproduce...
umana sorte! men infelice degli altri chi
non la teme. Spossato mi sdrajai boccone
sotto il boschetto de' pini, e in quella muta
oscurità, mi sfilavano dinanzi alla mente
tutte le mie sventure e tutte le mie speranze. Da qualunque parte io corressi anelando alla felicità, dopo un aspro viaggio
pieno di errori e di tormenti, mi vedeva
spalancata la sepoltura dove io m'andava
a perdere con tutti i mali e tutti i beni di
questa inutile vita. E mi sentiva avvilito e
piangeva perchè avea bisogno di consolazione... e ne' miei singhiozzi io invocava
Teresa. — Udii un calpestío fra gli alberi,

e mi parèa d'intendere bisbigliare alcune
voci. Mi sembrò poi di vedere Teresa con
sua sorella. Impaurite a prima vista fuggi-
vano. Io le chiamai per nome, e la Isabellina
riconosciutomi mi si gittò addosso con mille
baci. M'alzai. Teresa s'appoggiò al mio braccio, e noi passeggiammo taciturni lungo la
riva del fiumicello sino al lago de' cinque
fonti. E là ci siamo quasi di consenso fer-
mati a mirar l'astro di Venere che ci lam-
peggiava su gli occhi. — Oh! diss'ella con
quel dolce entusiasmo tutto suo, credi tu
che il Petrarca non abbia anch'egli visitato
sovente queste solitudini, sospirando fra le
ombre pacifiche della notte la sua perduta
amica? Quando leggo i suoi versi io me lo
dipingo quì... malinconico... errante... seduto sul tronco di un albero, pascersi de'
suoi mesti pensieri, e volgersi al cielo cercando con gli occhi lagrimosi lo spirito di
Laura. Io non so come quell'anima tutta
celeste abbia potuto sopravvivere in tanto
dolore, e fermarsi fra le miserie de' mortali : oh dolce amico! quando s'ama davvero!... — ella mi stringeva la mano ed io
mi sentiva il cuore che non voleva starmi

5

più in petto. Sì angelo tu sei nato per me,
ed io... — non so come ho potuto soffocare
queste parole che mi scoppiavano dalle
labbra.

Ella saliva la collina ed io la seguitava.
Le mie facoltà erano tutte ·di Teresa; ma la
tempesta che le aveva agitate era alquanto
cessata. — Tutto è amore; diss' io; l'universo non è che amore! E chi lo ha mai più
sentito o meglio dipinto del Petrarca? Adoro, come divinità, ·que' pochi genj che si
sono innalzati sopra gli altri mortali; ma il
Petrarca io... l'amo: e mentre mio intelletto gli sacrifica come a nume, il mio cuore
lo invoca padre e amico consolatore. Teresa
mi rispose con un sospiro.

La salita l'avea stancata : riposiamo,
diss' ella : l' erba era umida, ed io le mostrai
un gelso poco lontano. Il più bel gelso che
mai. È alto, solitario, frondoso : fra' suoi
rami v' ha un nido di cardellini; e noi lo
chiamiamo sempre il nostro albero favorito.
La ragazzina intanto ci aveva lasciati saltando su e giù, cogliendo fioretti e get-
tandoli dietro le lucciole che andavano aleg-
giando : Teresa giaceva sotto il gelso ed io

seduto vicino a lei con la testa appoggiata
al tronco le recitava le odi di Saffo ; sorgeva
la luna ... oh !...

Perchè mentre scrivo il mio cuore batte sì
forte ? beata sera!

~~~~~~~~~~~~~~~~~~~~~~

14 maggio, ore 11.

Sì, Lorenzo! odilo. La mia bocca è umida
ancora di un bacio di Teresa, e le mie guance
sono state innondate dalle sue lagrime. Mi
ama sì... mi ama! — lasciami, Lorenzo,
lasciami in tutta l' estasi di questo momento
di paradiso.

~~~~~~~~~~~~~~~~~~

14 maggio, a sera.

O quante volte ho ripigliata la penna, e
non ho potuto continuare... mi sento un
po' calmato e torno a scriverti. — Teresa
giacea sotto il gelso... io le recitava le odi
di Saffo... ma come poss' io dipingerti

quell'istante divino? Ella mi ama sì... mi
ama. A queste parole tutto ciò ch'io vedeva
mi sembrava un riso dell'universo : io mirava con occhi di riconoscenza il cielo e mi
parea ch'egli si spalancasse per accoglierci :
deh! a che non venne la morte? e l'ho invo-
cata. Sì ; ho baciato Teresa ; i fiori e le
piante esalavano in quel momento un odore
soave; le aure erano tutte armonìa; i rivi
risuonavano da lontano; e tutte le cose s'ab-
bellivano allo splendore della luna che era
tutta piena della luce infinita della divinità.
Gli elementi e gli esseri esultavano nella
gioja di due cuori ebbri di amore. — Ho
baciata e ribaciata quella mano... e Teresa
mi abbraciava tutta tremante, e trasfondea
i suoi sospiri nella mia bocca, e il suo cuore
palpitava su questo petto : mirandomi co'
suoi grandi occhi languenti, mi baciava, e
le sue labbra umide, socchiuse mormora-
vano su le mie... — ahi! che ad un tratto mi
si è staccata dal seno quasi atterrita : chiamò sua sorella e s'alzò correndole incontro.
Io me le sono prostrato, e tendeva le braccia
come per afferrar le sue vesti... ma non ho
osato nè chiamarla nè scongiurarla... la sua

virtù mi avea spaventato, e Teresa mi sembrava sacra. Me le sono accostato tremando.
— Non posso essere vostra mai!... ella pro-
nunciò queste parole dal cuore profondo e
con una occhiata con cui parea rimprove-
rarmi e compiangermi. Accompagnandola
lungo la via, non mi guardò più, nè io avea
più coraggio di dirle una parola. Giunta
alla porta del giardino mi prese di mano la
Isabellina e lasciandomi : addio, diss'ella,
e rivolgendosi dopo pochi passi... addio.

Io rimasi estatico : avrei baciate l'orme
de' suoi piedi : pendeva un suo braccio, e i
suoi capelli rilucenti al raggio della luna
svolazzavano mollemente : ma poi... appena
appena il lungo viale e la fosca ombra degli
alberi mi concedevano di travedere le on-
deggianti sue vesti che da lontano ancor
biancheggiavano; e poichè l'ebbi perduta
tendeva l'orecchio sperando di udir la sua
voce...

Partendo, mi volsi con le braccia aperte,
quasi per consolarmi, all'astro di Venere;
era anch'egli sparito.

Doro quel bacio io son fatto divino. Le
mie idee sono più sublimi e ridenti, il mio
aspetto più gajo, il mio cuore più compassionevole. Mi pare che tutto s'abbellisca a'
miei sguardi; il lamentar degli augelli, e il
bisbiglio de' zefiri fra le frondi son oggi più
soavi che mai; le piante si fecondano, e i
fiori si colorano sotto a'miei piedi; non
fuggo più gli uomini e tutta la natura mi
sembra mia. Il mio ingegno è tutto bellezza
e armonia. Se dovessi scolpire o dipingere
la stessa beltà, io sdegnando ogni modello
terreno la troverei nella mia immaginazione. O amore! le arti belle sono tue figlie;
tu primo hai guidato su la terra la sacra
poesia solo alimento degli animi generosi
che tramandano dalla solitudine i loro canti
sovrumani sino alle più tarde generazioni,
spronandole con le voci, e con i pensieri
spirati dai numi ad altissime imprese: tu
raccendi ne' nostri petti la sola vera virtù
utile a'mortali, la pietà, per cui sorride
talvolta il labbro dell'infelice condannato

ai sospiri : e per te rivive sempre il piacere
fecondatore degli esseri senza del qual tutto
sarebbe caos e morte. Se tu fuggissi, la terra
divorrebbe ingrata, gli animali nemici fra
loro, il sole stesso malefico, e il mondo
pianto , terrore e distruzione universale.
Adesso che l'anima mia risplende di un
tuo raggio, io dimentico le mie sventure ;
io rido delle minacce della fortuna, e ri-
nunzio alle lusinghe dell' avvenire... — O
Lorenzo ! sto spesso sdrajato su la riva del
lago de' cinque fonti : io mi sento vezzeg-
giare la faccia e le chiome dai venticelli che
alitando sommuovono l'erba, e allegrano i
fiori, e increspano le limpide acque del
lago. Lo credi tu ? io delirando deliziosa-
mente mi veggo dinanzi le ninfe ignude,
saltanti, inghirlandate di rose, e invoco in
lor compagnia le muse e l'amore ; e fuor
dei rivi che cascano sonanti e spumosi, vedo
uscir sino al petto con le chiome stillanti
sparse su le spalle rugiadose, e con gli occhi
ridenti le Najadi, amabili custodi delle fon-
tane. *Illusioni!* grida il filosofo : e non è
tutto illusione ? tutto ! Beati gli antichi che
si credeano degni de' baci delle immortali

dive del cielo, che sacrificavano alla bellezza e alle grazie, che diffondeano lo splendore della divinità su le imperfezioni dell'
uomo, e che trovavano il BELLO ed il VERO
accarezzando gli idoli della lor fantasia!
Illusioni! ma intanto senza di esse io non
sentirei la vita che nel dolore, o (che mi
spaventa ancor più) nella rigida e nojosa
indolenza : e se questo cuore non vorrà più
sentire, io me lo strapperò dal petto con le
mie mani, e lo caccerò come un servo infe-
dele.

<div align="center">~~~~~~~~~~~~~~~~~</div>

21 maggio.

OHIMÈ che notti lunghe, angosciose! —
il timore di non rivederla mi desta : divo-
rato da un sentimento profondo, ardente,
smanioso, sbalzo dal letto al balcone e non
concedo riposo alle mie membra nude ag-
grezzate, se prima non discerno su l'oriente
un raggio di giorno. Corro palpitando al suo
fianco e... stupido! soffoco le parole, e i
sospiri; non concepisco, non odo: il tempo

vola, e la notte mi strappa da quel soggiorno
di paradiso. — Ahi lampo! tu rompi le tenebre, splendi, passi, ed accresci il terrore
e l'oscurità...

~~~~~~~~~~~~~~~~~~~

Tı ringrazio, eterno Iddio, ti ringrazio!
Tu hai dunque ritirato il tuo spirito, e Lauretta ha lasciato alla terra le sue infelicità :
tu ascolti i gemiti che partono dalle viscere
dell'anima, e mandi la morte per isciogliere
dalle catene della vita le tue creature perseguitate ed afflitte. Mia cara amica! il tuo
sepolcro beva almeno queste lagrime, solo
tributo ch'io posso offrirti : le zolle che ti
nascondono sieno coperte di poca erba : tu
vivendo speravi da me qualche conforto;
eppure! non ho potuto nemmeno prestarti
gli ultimi ufficj; ma... ci rivedremo... sì!
   Quand'io, caro Lorenzo, mi ricordava
di quella povera fanciulla, certi presenti-
menti mi gridavano dal cuore profondo :
ella è morta! Pure se tu non me ne avessi

scritto, io certo non lo avrei saputo mai; perchè... e chi si cura della virtù quand' ella è avvolta nella povertà? Spesso mi sono posto a scriverle. M'è caduta la penna, e ho bagnata la carta di lagrime: temeva ch'ella mi raccontasse i suoi martirj, e mi destasse nel cuore una corda la cui vibrazione non sarebbe cessata sì tosto. Pur troppo! noi sfuggiamo d'intendere i mali de' nostri amici; le loro miserie ci sono gravi, e il nostro orgoglio sdegna di porgere il conforto delle parole, sì caro agli infelici, quando non si può unire un soccorso vero e reale. Ma... fors'ella mi annoverava fra la turba di coloro che ubbriacati dalla prosperità abbandonano gli sventurati. Lo sa il cielo... Frattanto Dio ha conosciuto ch'ella non poteva reggere più: *egli tempera i venti in favore dell' agnello recentemente tosato; e...* tosato al vivo!

Tornerò, Lorenzo: conviene ch'io esca; il mio cuore si gonfia e geme come se non volesse starmi più in petto; su la cima di un monte mi sembra d'essere alquanto più libero: ma quì... nella mia stanza... sto quasi sotterrato in un sepolcro.

Sono salito su la più alta montagna : i
venti imperversavano; io vedeva le querce
ondeggiar sotto a' miei piedi; la selva fremeva come mar burrascoso, e la valle ne
rimbombava ; su le rupi dell' erta sedeano
le nuvole... — Nella terribile maestà della
natura la mia anima attonita e sbalordita ha
dimenticati i suoi mali, ed è tornata per alcun poco in pace con se medesima.

Vorrei dirti di grandi cose : mi passano
per la mente; vi sto pensando!... m'ingom-
brano il cuore, s'affollano, si confondono ;
non so più da quale io mi debba incomin-
ciare; poi tutto ad un tratto mi sfuggono,
e io prorompo in un pianto dirotto.

Vado correndo come un pazzo senza saper dove, e perchè : non m'accorgo, e i
miei piedi mi strascinano fra i precipizj. Io
domino le valli e le campagne soggette; ma-
gnifica ed inesausta natura! I miei sguardi
e i miei pensieri si perdono nel lontano
orizzonte : — Vo salendo; e sto... lì... ritto...
anelante : guardo all' ingiù ; ahi voragine!
alzo gli occhi inorridito e scendo precipitoso appiè del colle dove la valle è più fosca.
Un boschetto di giovani querce mi protegge

dai venti· e dal sole : due rivi d'acqua mor-
morano quà e là sommessamente : i rami
bisbigliano, e un rosignuolo... — Ho sgri-
dato un pastore che era venuto per rapire
dal nido i suoi pargoletti : il pianto, la deso-
lazione, la morte di quei deboli innocenti
dovevano essere forse venduti per una me-
china moneta; così va! ma io l'ho compen-
sato del guadagno che sperava di trarne, ed
egli mi ha promesso di non disturbare più
i rosignuoli — e là... io mi riposo : dove se'
ito, o buon tempo di prima! la mia ragione
è malata e non può fidarsi che nel sopore,
e guai se sentisse tutta la sua infermità.
Quasi quasi... — povera Lauretta! tu forse
mi chiami...

Tutto, tutto quello ch' esiste per gli uomini non è che la lor fantasia. Caro amico! fra
le rupi la morte mi era spavento; e all'
ombra di quel boschetto io avrei chiusi gli
occhi volentieri in sonno eterno. Ci fabbri-
chiamo la realtà a nostro modo; i nostri
desiderj si vanno moltiplicando con le nostre
idee; sudiamo per quello che vestito diversamente ci annoja; e le nostre passioni non
sono in fine del conto che gli effetti delle

nostre illusioni. Quanto mi sta d'intorno
richiama al mio cuore quel dolce sogno
della mia fanciullezza. O! come io scorreva
teco queste campagne aggrappandomi or a
questo or a quell' arbuscello di frutta; im-
memore del passato, non curando che del
presente, esultando di cose che la mia immaginazione ingrandiva e che dopo un' ora
non erano più, e riponendo tutte le mie
speranze ne' giuochi della prossima festa.
Ma quel sogno è svanito! e chi m'assicura
che in questo momento io non sogni? Ben
tu, mio Dio, tu che creasti il mio cuore, sai
che sonno spaventevole è questo ch' io dor-
mo; sai che non altro m'avanza fuorchè il
pianto e la morte.

Così vaneggio! cangio voti e pensieri, e
quanto la natura è più bella, tanto più vorrei vederla vestita a lutto. E veramente pare
che oggi m'abbia esaudito. Nel verno passato io era felice: quando la natura dormiva
mortalmente, la mia anima era tranquilla
tranquilla!... ed ora?

Eppur mi conforto nella speranza di essere compianto. Su l'aurora della vita io
cercherò forse invano il resto della mia età

che mi verrà rapita dalle mie passioni e
dalle mie sventure; ma la mia sepoltura sarà
bagnata dalle tue lagrime, dalle lagrime di
quella fanciulla ·celeste. E chi mai cede a
una eterna obblivione questa cara e trava‑
gliata esistenza? Chi mai vide per l'ultima
volta i raggi del sole, chi salutò la natura
per sempre, chi abbandonò i suoi diletti, le
sue speranze, i suoi inganni, i suoi stessi
dolori senza lasciar dietro a se un desiderio,
un sospiro, uno sguardo? Le persone a noi
care che ci sopravvivono, sono parte di noi.
I nostri occhi morenti chiedono altrui qual‑
che stilla di pianto, e il nostro cuore ama
che il recente cadavere sia sostenuto da
braccia amorose e cerca un petto dove tra‑
sfondere l'ultimo nostro respiro. Geme la
natura perfin nella tomba, e il suo gemito
vince il silenzio e l'oscurità della morte.

M'affaccio al balcone ora che la divina
luce del sole si va spegnendo, e le tenebre
rapiscono all'universo que' raggi languidi
che balenano su l'orizzonte, e nella opacità
del mondo malinconico e taciturno contem‑
plo la immagine della Distruzione divora‑
trice di tutte le cose. Poi giro gli occhi sulle

macchie de' pini piantati dal mio buon
padre su quel colle presso la porta della
parrocchia, e travedo biancheggiare fra le
frondi agitate da' venti la pietra della mia
fossa. Quivi ti vedo venir con mia madre e
pregar pace all' ombra dell' infelice figliuolo.
Allora dico a me stesso : Forse Teresa verrà
solitaria su'l' alba a rattristarsi dolcemente
su le mie antiche memorie, e a dirmi un
altro addio. No! la morte non è dolorosa.
Che se taluno metterà le mani nella mia
sepoltura e scompiglierà il mio scheletro
per trarre dalla notte in cui giaceranno, le
mie ardenti passioni, le mie opinioni, i miei
delitti... forse; non mi difendere, Lorenzo;
rispondi soltanto : *egli era infelice.*

26 maggio.

EGLI viene, Lorenzo...; egli viene.
Scrive dalla Toscana dove si fermerà venti
giorni; e la lettera è in data de' 18 maggio:
fra due settimane al più... dunque!

27 maggio.

E penso; ed è pur vero che questo angelo
de' cieli esista quì, in questo basso mondo,
fra noi? e sospetto d'essermi innamorato
della creatura della mia fantasia.
E chi non avrebbe voluto amarla anche
infelicemente? e dov'è l'uomo così avven-
turoso col quale io degnassi di cangiare
questo mio stato lagrimevole?... ma come io
posso d'altronde essere tanto inimico di me
per tormentarmi, lo sa il cielo, senza niuna
speranza? — forse! un certo orgoglio in costei della sua bellezza e delle mie sventure...
non mi ama, e la sua compassione coverà
un tradimento. Ma quel suo bacio celeste
che mi sta sempre su le labbra e che mi
domina tutti i pensieri? e quel suo pianto?...

ahi che dopo quel momento ella mi sfugge;
nè osa guardarmi più in faccia. Seduttore!
io? — e quando mi sento tuonare nell'anima quella tremenda sentenza : *Non sarò
vostra mai;* io passo di furore in furore, e
medito delitti di sangue... — Non tu, divina
fanciulla, io solo io solo ho tentato il tradimento e l'avrei consumato...

O! un altro tuo bacio, e abbandonami
poscia a' miei sogni e a' miei soavi delirj :
io ti morrò a' piedi; ma tutto tuo, tutto. Tu
se non potrai essermi sposa, mi sarai almeno compagna nel sepolcro. Ah no, la
pena di questo amore fatale si rovesci sopra
di me. Ch' io pianga per tutta un'eternità;
ma che il cielo, o Teresa, non ti faccia per
mia cagione infelice! — Ma intanto io ti ho
perduta, e tu mi t'involi, tu stessa. Ah se
tu mi amassi com'io t'amo!

Eppure, o Lorenzo, in sì fieri dubbj, e
in tanti tormenti ogni volta ch'io domando
consiglio alla mia ragione, ella mi conforta
dicendomi : *Tu non se' immortale.* Or via,
soffriamo dunque; e sino agli estremi. —
Uscirò, uscirò dall' inferno della vita; e
basto io solo : a questa idea rido e della for-

tuņa, e degli uomini, e della stessà omni-
potenza di Dio.

~~~~~~~~~~~~~~~

28 maggio.

SPESSO io mi figuro tutto il mondo a
soqquadro, e il cielo, e il sole, e l'oceano,
e tutti i globi nelle fiamme e nel nulla; ma
se anche in mezzo a tanta rovina io potessi
stringere un'altra volta Teresa.... un'altra
volta soltanto fra queste braccia, io invoche-
rei la distruzione del creato.

~~~~~~~~~~~~~~~

29 maggio, all'alba.

O illusione! perchè quando ne'miei sogni quest'anima è un paradiso, e Teresa è
al mio fianco, e mi sento sospirar su la bocca, e.... perchè mi trovo poi un voto, un
voto di tomba? Almen que'beati momenti
non fossero mai venuti, o non fossero fug-
giti mai!—questa notte io cercava branci-

cando quella mano che me l'ha strappata
dal seno : mi parea d'intendere da lontano
un suo gemito; ma le coltri molli di pianto,
i miei capelli sudati, il mio petto ansante,
la fitta e muta oscurità.... tutto tutto mi gridava : *infelice tu deliri !* Spaventato e languente mi sono buttato boccone sul letto
abbracciando il guanciale, e cercando di tormentarmi nuovamente e d'illudermi.

Se tu mi vedessi stanco, squallido, taciturno errar su e giù per le montagne e cercar di Teresa, e temer di trovarla ; sovente
brontolar fra me stesso, chiamare, pregarla,
e rispondere alle mie voci : arso dal sole mi
caccio sotto una macchia e m'addormento o
vaneggio : — ahi che sovente la saluto come
se la vedessi, e mi pare di stringerla e di
baciarla.... poi tutto svanisce, ed io tengo
gli occhi inchiodati su i precipizj di qualche
dirupo. Sì ! conviene ch'io la finisca.

Fuggir dunque, fuggire: ma dove? credimi : io mi sento malato ; appena reggo questo misero corpo per potermelo strascinare sino alla villa, e confortarmi in quegli occhi divini, e bere un altro sorso di vita, forse ultimo! Ma senza di ciò vorrei più questo inferno?

Oggi l'ho salutata per andarmene a desinare; sono partito, ma non poteva scostarmi dal suo giardino; e.... lo credi? la sua vista mi dà soggezione: vedendola poi scendere con sua sorella ho tentato di tirarmi sotto una pergola e fuggirmene. La Isabellina ha gridato : Viscere mie, viscere mie, non ci avete vedute? Colpito quasi da un fulmine mi sono precipitato sopra un sedile; la ragazza mi s'è gettata al collo carezzandomi, e dicendomi all'orecchio : perchè piangi? Non so se Teresa m'abbia guardato; sparì dentro un viale. Dopo mezz'ora tornò a chiamare la ragazza che stava ancora fra le mie ginocchia, e m'accorsi che le sue pupille erano rosse di pianto; non mi parlò,

ma mi ammazzò con un'occhiata quasi volesse dirmi: tu mi hai ridotta così misera.

~~~~~~~~~~~~~~~

<center>2 giugno.</center>

Ecco tutto ne' suoi veri sembianti. Ahi!
non sapeva che in me s'annidasse questo
furore che m'investe, m'arde, mi annienta,
eppur non mi uccide. Dov'è la natura?
Dov'è la sua immensa bellezza? Dov'è l'in-
treccio pittoresco de'colli ch'io contemplava
dalla pianura innalzandomi con l'immaginazione nelle regioni dei cieli? mi sembrano rupi nude e non veggo che precipizj.
Le loro falde coperte di ombre ospitali mi
son fatte nojose: io vi passeggiava un tempo
fra le ingannevoli meditazioni della nostra
debole filosofia. A qual pro se ci fanno conoscere le nostre infermità, nè porgono i
rimedj da risanarle? — Oggi io sentiva ge-
mere la foresta ai colpi delle scuri: i contadini atterravano i roveri di duecento anni...
tutto pere quaggiù! tutto.

Guardo le piante ch'una volta scansava

di calpestare e mi arresto sovr' esse e le
strappo e le sfioro gittandole fra la polvere
rapita dai venti. Gemesse con me l' universo!

Sono uscito assai prima del sole e correndo attraverso de' solchi, cercava nella
stanchezza del corpo qualche sopore a quest'
anima tempestosa. La mia fronte era tutta
sudore, e il mio petto ansava con difficile
anelito. Soffia il vento della notte e mi scom-
piglia le chiome ed agghiaccia il sudore che
grondavami dalle guance. Oh! da quell'ora
mi sento per tutte le membra un brivido. Le
mani fredde, le labbra livide, e gli occhi
erranti fra le nuvole della morte.

Almeno costei non mi perseguitasse con
la sua immagine ovunque io vada a piantar-
misi faccia a faccia : perch'ella o Lorenzo...
perch'ella mi move quì dentro un terrore,
una disperazione, una rabbia, una gran
guerra... e medito talor di rapirla e di stra-
scinarla con me nei deserti lungi dalla prepotenza degli uomini. — Ahi sciagurato!...
mi percuoto la fronte e bestemmio... Partirò, partirò.

LORENZO

A CHI LEGGE.

Tu forse, o Lettore, sei divenuto amico dell'
infelice Jacopo, e brami di sapere la storia della
sua passione; onde io per narrartela, andrò
di qui innanzi interrompendo la serie di queste
lettere.

La morte di Lauretta accrebbe la sua malinconia fatta ancora più nera per l'imminente ritorno
di Odoardo. Dimagrato, sparuto, con gli occhi
incavati, ma spalancáti e pensosi, la voce cupa,
i passi tardi, andava per lo più inferrajuolato,
senza cappello, e con le chiome giù per la faccia;
vegliava le notti intere girando per le campagne,
e il giorno fu spesso veduto dormire sotto qualche
albero.

In questa tornò Odoardo in compagnia di un
giovine pittore che ripatriava da Roma. Quel
giorno stesso incontrarono Jacopo. Odoardo gli
si fe' incontro abbracciandolo; Jacopo quasi sbigottito si arretrò. Il pittore gli disse che avendo
udito a parlare di lui e de' suoi talenti, da gran
tempo bramava di conoscerlo... Ei lo interruppe:
Io? sono un infelice... si ravvolse nel suo tabarro,

si cacciò fra gli alberi, e sparì. Odoardo si dolse di questo contegno col padre di Teresa, il quale già incominciava a travedere la passione di Jacopo.

Teresa dotata di una indole meno risentita, ma passionata ed ingenua, propensa a una affettuosa malinconia, priva nella solitudine d' ogni altro amico di cuore, nell' età in cui parla in noi la dolce necessità di amare e di essere riamati, incominciò a confidare a Jacopo tutta la sua anima e a poco a poco se ne innamorò; ma non osava confessarlo a se stessa, e dopo la sera di quel bacio fatale viveva riservata, sfuggendo l' amante, e tremando alla presenza del padre. Allontanata da sua madre, senza consiglio e senza conforto, atterrita del suo stato futuro, e combattuta dalla virtù e dall' amore, divenne solitaria, non parlava quasi mai, leggeva sempre, trascurava e il disegno, e la sua arpa, e il suo abbigliamento, e fu spesso sorpresa dai famigliari con le lagrime agli occhi. Sfuggiva la compagnia delle giovinette sue amiche che a primavera villeggiavano a' colli Euganei; e dileguandosi a tutti e alla sua stessa sorellina sedeva molte ore ne' luoghi più ombrosi del suo giardino. Regnava quindi in quella casa un silenzio e una certa diffidenza che turbarono lo sposo trafitto anche dai modi sdegnosi di Jacopo incapace di simulazione. Naturalmente par-

lava con enfasi, e sebbene conversando fosse taciturno, fra i suoi amici, era loquace, pronto al
riso, e ad una allegria schietta, eccessiva. Ma in
que' giorni le sue parole ed ogni suo atto erano
·veementi e amari come la sua anima, Instigato
una sera da Odoardo che giustificava il trattato di
Campo-Formio, si pose a disputare, a gridare
come un invasato, a minacciare, a percuotersi la
testa, e a piangere d' ira. Avea sempre un' aria
assoluta; ma il signore T*** mi raccontava ch' egli
allora o stava sepolto ne' suoi pensieri, o se discor-
reva, s' infiammava d' improvviso, i suoi occhi
metteano paura e talvolta fra il discorso gli abbas-
sava inondati di pianto. Odoardo si fe' più circo-
spetto e sospettò la cagione del cangiamento di
Jacopo.

Così passò tutto giugno. Il povero giovine dive-
niva ognora più tetro ed infermo; nè scriveva
più alla sua famiglia, nè rispondeva alle mie
lettere. Spesso fu veduto da' contadini cavalcare a
briglia sciolta per luoghi scoscesi, e in mezzo alle
fratte, e a traverso de' fossi, ed è maraviglia
com' ei non sia pericolato. Una mattina il pittore
stando a ritrarre la prospettiva de' monti, udì la
sua voce fra il bosco : gli si accostò di soppiatto, e
intese ch'ei declamava una scena del *Saulle*. Allora
gli riuscì di disegnare il ritratto dell' Ortis, che
sta in fronte a questa edizione, appunto quand' ei

6

si soffermava pensoso dopo avere proferito que'
versi dell' atto II, scena I:

. . . . Precipitoso
Già mi sarei fra gl' inimici ferri
Scagliato io da gran tempo, avrei già tronca
Così la vita orribile ch' io vivo.

Poi lo vide arrampicarsi sino alla cima della montagna, guardare all' ingiù risolutamente con le
braccia aperte, e tutto ad un tratto rinculare
sclamando : *O madre mia!*

Una domenica rimase a pranzo in casa T***:
Pregò Teresa perchè suonasse, e le porse l' arpa
egli stesso. Mentr' ella incominciava a suonare,
entrò suo padre, e s' assise accanto a lei. Jacopo
pareva inondato da una deliziosa mestizia e il suo
aspetto si andava rianimando : ma poi a poco a
poco chinò la testa, e ricadde in una malinconia
più compassionevole di prima. Teresa lo sogguar-
dava, e sforzavasi di reprimere il pianto : Jacopo
se n' avvide, nè potendosi contenere s' alzò e partì.
Il padre intenerito si volse a Teresa dicendole : *O
figlia mia, tu vuoi dunque precipitarti ?* A queste
parole le sgorgarono d'improvviso le lagrime ; si
gettò fra le braccia di suo padre, e gli confessò... — In questa entrava Odoardo a chiamare
a tavola, e l' atteggiamento di Teresa e il turbamento del signore T*** lo raffermarono ne' suoi

(123)

dubbj. Queste cose le ho udite dalla bocca di Teresa.

Il dì seguente che fu la mattina de' 7 luglio, Jacopo andò da Teresa, e vi trovò lo sposo, e il pittore che le faceva il ritratto nuziale. Teresa confusa e tremante uscì in fretta come per badare a qualche cosa che si era dimenticata, ma passando davanti a Jacopo gli disse ansiosamente e sottovoce : *Mio padre sa tutto.* Egli non fe' motto ; ma passeggiò tre o quattro volte su e giù per la stanza, ed uscì. Per tutto quel giorno non si lasciò vedere ad anima vivente. Michele che lo aspettava a desinare lo cercò irvano sino a sera. Non si ridusse a casa che a mezzanotte suonata. Si gettò vestito sul letto, e mandò a dormire il ragazzo. Poco dopo s'alzò e scrisse.

Mezzanotte.

Io porgeva alla divinità i miei ringraziamenti, e i miei voti, ma io non l'ho mai
temuta. Eppure adesso che sento tutto il flagello della sventura, io la temo e la supplico.

Il mio intelletto è acciecato, la mia anima
è prostrata, il mio corpo è sbattuto dal languore della morte.

È vero! i disgraziati hanno bisogno di un
altro mondo diverso da questo dove man-
giano un pane amaro, e bevono l'acqua
mescolata alle lagrime. La immaginazione
lo crea, e il cuore si consola. La virtù sempre infelice quaggiù persevera con la speranza di un premio. — Ma sciagurati coloro
che per non essere scellerati hanno bisogno
della religione!

Mi sono prostrato in una chiesetta posta
in Arquà, perchè io sentiva che la mano di
Dio pesava sopra il mio cuore.

Son io debole forse, Lorenzo? Il cielo
non ti facciamai sentire la necessità della
solitudine, delle lagrime, e di una chiesa!

Ore 2.

Il cielo è tempestoso : le stelle rare e
pallide; e la luna mezza sepolta fra le nuvole batte con raggi lividi le mie finestre.

all' alba.

Lorenzo, non odi? t'invoca l'amico tuo:
qual sonno! spunta un raggio di giorno e
forse per inasprire i miei mali. — Dio non
mi ode. Mi condanna anzi ogn'istante all'
agonia della morte ; e mi costringe a male-
dire i miei giorni che pur non sono mac-
chiati di alcun delitto.

Che? se tu se' *un Dio forte, prepotente,
geloso, che rivedi le iniquità de' padri nei figli,
e che visiti nel tuo furore la terza e la quarta
generazione* (1), dovrò io sperar di placarti?
No. Manda in me l'ira tua con la quale siedi
nell' inferno *soffiando le fiamme* (2) che do-
vranno ardere milioni e milioni di popoli
ai quali non ti se' fatto conoscere.

_____

(1) Esodo xx. 5.
(2) Malachia iii. 3.

Ahi ! sento pure che ho bisogno di te.
Ma spogliati degli attributi di cui gli uomini
ti hanno vestito per farti simile a loro. Non
sei tu il padre della natura e il consolatore
degli afflitti ? Odimi dunque. Questo cuore
ti sente; ma non t'offendere di queste lagrime che la natura dimanda all'uomo. Io
non mormoro contro di te. Piangendo e in-
vocandoti cerco soltanto di liberare quest'
anima: — di liberarla? oh non mai : ella è
piena; ma non di te.

Ecco, o Lorenzo, fuor delle mie labbra il
delitto per cui Dio ha ritirato il suo sguardo
da me. Io non l'ho adorato mai, come Teresa. — Bestemmia! pari a Dio costei che
sarà a un soffio scheletro e nulla? Vedi
l'uomo umiliato! Devo io anteporre Teresa
a Dio stesso?... Ah da lei si spande beltà celeste ed immensa, beltà onnipotente! Io
lancio uno sguardo su l'universo, e contemplo con occhio attonito l'eternità; tutto
è caos, tutto sfuma e si annulla, Dio stesso
mi diventa incomprensibile... ma Teresa
mi sta sempre davanti.

Due giorni dopo ammalò; il padre di Teresa andò a ritrovarlo, e profittò di quel momento per persuaderlo ad allontanarsi da' colli Euganei. Discreto e generoso, stimava l'ingegno e l'alta anima di Jacopo, e lo amava come il più caro amico ch'egli avesse mai avuto. Mi assicurò che forse in tempi diversi avrebbe creduto di fare felice sua figlia sposandola ad un uomo che se partecipava di alcuni difetti del suo tempo, aveva, al suo dire, il cuore e le virtù di un altro secolo. Ma Odoardo era ricco e di una famiglia sotto la cui parentela egli sfuggiva le insidie de' suoi nemici che lo accusavano di avere bramata la verace libertà del suo paese; delitto capitale. Apparentandosi all' Ortis avrebbe accelerato e la rovina di lui e quella della propria famiglia. Oltredichè avea impegnata la sua fede; e per mantenerla era giunto a dividersi da una moglie a lui cara. Nè i suoi affari domestici gli concedevano di accasare Teresa con una gran dote, necessaria alle mediocri sostanze dell' Ortis. Il signore T**** mi scrisse queste cose, e le disse a Jacopo che lo ascoltò pazientemente. Ma quando si udì parlare della dote : « No, lo interruppe, esule, povero, oscuro a tutto il mondo mi vorrei sotterrar vivo anzichè domandarvi vostra figlia in isposa : sono sfortunato ma non vile: io non riconoscerò mai la mia fortuna dalla dote di mia moglie. Vostra figlia è ricca e promessa. »

— « Dunque? » rispose il signore T***, Jacopo non
fiatò ; ma rivolse gli occhi al cielo ; e dopo molta
ora : « O Teresa , esclamò , sei pure infelice ! » —
« O amico mio, gli soggiunse allora amorevolmente
il signore T***, chi la fece infelice, chi, se non voi?
ella per amor mio s'era rassegnata al suo destino ,
e sola poteva rappacificare una volta i suoi poveri
genitori. Vi ha amato ; e da quel tempo voi che
pure l'amate con tanta delicatezza voi stesso ra-
pite a lei uno sposo , e turbate la pace d'una famiglia che vi ha sempre guardato qual proprio
figliuolo. Arrendetevi, allontanatevi per qualche
tempo. Voi forse avreste temuto in me un padre
severo ; ma pur troppo sono stato anch'io sventurato ; ho sentite le passioni e ho imparato a
compatirle. Abbiate pietà e di me e della vostra
gioventù e della fama di Teresa. La sua beltà e la
sua salute vanno languendo ; la sua anima geme
nel dolore, e per voi solo, per voi. Io vi scongiuro
in nome di Teresa , partite ; sacrificate la vostra
passione alla sua felicità ; e non fate di me il padre
più misero che sia mai nato. » Jacopo parea intenerito , ma non rispose. — Il suo male aggravava;
ne' dì seguenti fu preso da una febbre arden-
tissima.

Frattanto io sgomentato e dalle ultime lettere
di Jacopo , e da quelle del padre di Teresa , tentava tutte le vie per accelerare la partenza del mio

povero amico, solo rimedio alla sua violenta passione. Nè ebbi cuore di parlarne a sua madre che
conosceva l'indole di lui capace di eccessi, e le
dissi soltanto ch'egli era un po' malato, e che il
cangiamento d'aria gli gioverebbe.

In quel tempo stesso incominciavano a infero-
cire a Venezia le persecuzioni. Non vi eran leggi,
ma tribunali onnipotenti; non accusatori, non
difensori; bensì spie di pensieri, delitti ignoti,
pene subite, inappellabili. I più sospetti gemeano
in carcere; gli altri, benchè di antica ed onesta
fama, tratti di notte dalle proprie case, mano-
messi dagli sgherri, strascinati a' confini, e abbandonati alla ventura, senza l'addio de' congiunti,
e destituti di ogni umano soccorso. Per alcuni pochi l'esilio scevro da questi modi violenti ed in-
fami fu somma clemenza. Ed io pure tardo, ma
non ultimo martire, vo da più mesi profugo per
l'Italia volgendo senza niuna speranza gli occhi
lagrimosi alle sponde della mia patria. Quind'io
allora, tremante anche per la sicurezza di Jacopo,
persuasi sua madre quantunque desolata a scri-
vergli perchè sino a tempi migliori cercasse asilo
in qualche altro paese, tanto più che quand'ei
lasciò Padova le si scusò allegando gli stessi timori.
Fu affidata la lettera a un servo il quale giunse a'
colli Euganei la sera de' 15 luglio, e trovò Jacopo
ancora al letto, sebbene migliorato d'assai. Gli

sedea presso il padre di Teresa. Lesse la lettera
sommessamente e la posò sul guanciale; poco dopo
la rilesse assai commosso , ma non ne parlò.

Il dì 19 s' alzò : in quel giorno stesso sua madre gli riscrisse inviandogli danari , due cambiali,
e parecchie commendatizie , e scongiurandolo per
le viscere di Dio perch' ei partisse. Quel dopo
pranzo andò da Teresa , e non trovò che l' Isabellina la quale tutta interrita contò ch' ei s' assise
muto , s' alzò , la baciò , e discese. Tornò dopo un'
ora , e salendo le scale la incontrò di nuovo e se
la strinse al petto , la baciò più volte , e la bagnò
di lagrime ; si pose a scrivere , cangiò parecchi
foglj e li stracciò poi tutti. Si aggirò pensieroso per
l' orto ; un servo passandovi su l' imbrunire lo
vide sdrajato : ripassando lo trovò ritto su la
porta in atto di uscire con la testa rivolta atten-
tamente verso la casa ch' era battuta dalla luna.

Tornato a casa rimandò il messo rispondendo
a sua madre che domani all' alba partiva. Fece or-
dinare i cavalli alla posta più vicina ; prima di coricarsi scrisse la lettera seguente per Teresa e la
consegnò all' ortolano. All' alba partì.

Ore 9.

PERDONAMI, Teresa; io ho funestato i tuoi
giorni, e la pace della tua famiglia; ma fuggirò... sì! Io non credeva di avere tanta
costanza. Ti posso lasciare senza morir di
dolore a' tuoi piedi, e non è poco : usiamo
di questo momento sinchè il cuore mi regge
e la ragione non mi abbandona affatto. Ma
la mia anima è tutta sepolta nel solo pensiero di amarti sempre sempre, e di piangerti. — Se tu il vuoi io mi renderò sacro il
dovere di non più scriverti; seppellirò nel
mio cuore i miei gemiti... ma io non ti vedrò, no, mai più... oggi t'ho cercato invano
per darti l'estremo addio. Ah! soffri soltanto, o mia Teresa, queste ultime righe
ch'io bagno delle più amare lagrime. Mandami in qualunque tempo, in qualunque
luogo il tuo ritratto. Se l'amicizia, se l'amore... se la compassione ti parlano ancora
per questo sconsolato, non negarmi il piacere che addolcirà tutti i miei mali. Tuo
padre stesso me lo concederà, spero : egli
egli che potrà vederti ed udirti e piangere
con te, mentr'io nelle ore fantastiche del

mio dolore e delle mie passioni, annojato
di tutto il mondo, diffidente di tutti, con
un pie' su la sepoltura, mi conforterò sempre baciando dì e notte la tua sacra immagine, e così tu m'infonderai da lontano
costanza per sopportare ancora questa mia
vita. Farò men angosciose le mie notti, e
meno tristi i miei giorni solitarj, que' pochi
giorni ch'io potrò vivere senza di te. Morendo, io volgerò a te gli ultimi sguardi, io
ti raccomanderò il mio ultimo sospiro, io
verserò su te tutta l'anima mia, io ti porterò con me, nel mio sepolcro, attaccata al
mio petto.....

O angiolo! tu mi hai assistito con tanto
affetto nella mia breve malattia : te ne ringrazio di cuore, te ne ringrazio.

Ho l'unica tua lettera che mi scrivesti
quand'io era a Padova; felice tempo! ma
chi l'avrebbe mai detto? Solo e sacro testimonio del mio dolore e dell'amor mio, non
mi abbandonerà mai, mai. O mia Teresa;
questi sono delirj; ma l'uomo sommamente
misero non ha altra consolazione. Addio:
perdonami, mia Teresa... perdonami.—
Ohimè, io mi credeva più forte !

Scrivo male, e di un carattere appena leggibile. Ma ti scrivo arso dalla febbre, con l'anima lacerata, e il pianto su gli occhi. — Per carità non mi negare il tuo ritratto. Consegnalo a Lorenzo. S'io morirò pria ch'egli possa farmelo giungere, lo custodirà come eredità santa e preziosa che gli ricorderà sempre e le tue virtù e la tua bellezza, e l'ultimo eterno infelicissimo amore del suo misero amico. Addio addio.

Che se la mia languente salute, se le mie sventure, e la mia tristezza mi scavassero la fossa, concedimi ch'io mi renda cara la morte con la certezza che tu mi hai amato... Ahi! adesso io sento tutto il dolore a cui ti lascio. Oh! potessi morirti vicino; oh! potessi almeno morire, ed essere sepolto nella terra che avrà le tue ossa. Addio, non posso più... Addio.

Tutti quasi i frammenti che sieguono erano scritti in diversi fogli.

Rovigo, 20 luglio.

Io la mirava, e diceva a me stesso: che sarebbe di me s'io non potessi vederla più? e correva a piangere di consolazione sapendo ch'io le era vicino: e adesso?... io l'ho perduta.

Cos'è più l'universo? qual parte della terra potrà sostenermi senza Teresa? e mi pare di esserle lontano sognando. Ho avuto io tanta costanza? e m'è bastato il cuore di partire così... senza vederla? nè un bacio, nè un solo addio! Tutti i momenti io credo di essere alla porta della sua casa, e di sedere al suo fianco. Io fuggo; e con che velocità ogni minuto mi porta ognor più lontano da lei. E intanto? quante care illusioni! ma... io l'ho perduta. Non so più obbedire nè alla mia volontà, nè alla mia ragione, nè al mio cuore sbalordito: mi lascio strascinare dal braccio prepotente del mio destino. Addio addio, Lorenzo....

Io passava il Po e guardava le immense
sue acque, e più volte io fui per precipitar-
mi, e profondarmi, e perdermi per sempre.
Tutto è un punto ! — ah s'io non avessi una
madre cara e sventurata a cui la mia morte
costerebbe amarissime lagrime!
Nè finirò così da codardo. Sosterrò tutta
la mia sciagura: berrò fino all' ultima lagrima il pianto che mi fu assegnato dal mio
destino; e quando le difese saranno vane,
disperate tutte le passioni, tutte le forze
consunte; quando io avrò coraggio di mirare
la morte in faccia, e ragionare tranquillamente con lei, ed assaporare l'amaro suo
calice, allora....
Ma ora ch'io parlo non è forse tutto perduto ? e non mi resta che la sola rimembranza e la certezza che tutto è perduto ? —
hai tu provata mai quella piena di dolore
quando ci abbandonano tutte le speranze ?

Nè un bacio ? nè un ultimo addio ! —
bensì le tue lagrime mi seguiranno nella

mia sepoltura. La mia salute, la mia sorte,
il mio cuore, tu.... tu! — insomma tutto
congiura, ed io vi obbedirò tutti.

Ore...

Ed ho avuto coraggio di abbandonarla?
anzi ti ho abbandonata, o Teresa, in uno
stato più deplorabile del mio. Chi sarà più
il tuo consolatore? e tremerai al solo mio
nome poichè ho colmata la tua sventura.
Non abbiamo più niun soccorso dagli uomini, niuna consolazione in noi stessi. Omai
non so che supplicare il sommo Iddio, e
supplicarlo co' miei gemiti, e cercare qualche ajuto fuori di questo mondo dove tutto
ci perseguita o ci abbandona. E se gli spasimi, e le preghiere, e il rimorso ch'è fatto già
mio carnefice, fossero offerte accolte dal
cielo, ah! tu non saresti così infelice, ed io
benedirei tutti i miei tormenti. Frattanto
nella mia disperazione mortale chi sa in
che pericoli tu sei! nè io posso diffenderti,
nè rasciugare il tuo pianto, nè raccogliere
nel mio petto i tuoi secreti, nè partecipare
delle tue afflizioni. Io non so nè dove fuggo,

nè come ti lascio, nè quando potrò più vederti....

PADRE crudele... Teresa è sangue tuo!
quell'altare è profanato; la natura ed il
cielo maledicono quei giuramenti; il ribrezzo, la gelosia, la discordia, ed il pentimento gireranno fremendo intorno a quel
letto e insanguineranno forse quei nodi....
Teresa è figlia tua; placati. Ti pentirai forse
amaramente, ma invano: fors'ella un giorno nell'orrore del suo stato maledirà i suoi
giorni e i suoi genitori, e conturberà con le
sue querele le tue ossa nel sepolcro quando
tu non potrai soccorrerla più. Placati ... —
Ohime! tu non mi ascolti ... e dove la stra-
scinate?... la vittima è sacrificata! io odo
il suo gemito... il mio nome nel suo ultimo gemito! Barbari! tremate... il vostro
sangue, il mio sangue... e Teresa sarà ven-
dicata! — ahi delirio....

MA tu, Lorenzo mio, che non mi ajuti?
io non ti scriveva perchè un'eterna tempesta d'ira, di gelosia, di vendetta, di
amore infuriava dentro di me; e tante pas-

sioni mi si gonfiavano nel petto, e mi soffocavano, e mi strozzavano quasi; io non poteva mandare parola, io sentiva il dolore
impietrito dentro di me;... e questo dolore
regna ancora e mi chiude la voce e i sospiri,
e m'inaridisce le lagrime;... mi sento man-
cata gran parte della vita, e quel poco che
pure mi resta mi pare avvilito dal languore
e dalla tristezza del sepolcro.

E mi adiro sovente di essere partito, e mi
accuso di viltà. — Perchè mai non hanno
ardito insultare alla mia passione? Se taluno avesse comandato a quella infelice di
non vedermi più, se me l'avessero a viva
forza strappata, pensi tu ch'io l'avrei lasciata mai? Ma doveva io pagare d'ingratitudine un padre che mi chiamava amico,
che tante volte commosso mi abbracciava
dicendomi: *e perchè la sorte ti ha unito con
questi disgraziati?* Poteva io precipitare nel
disonore e nella persecuzione una famiglia
che in altre circostanze avrebbe diviso meco
e la felicità e l'infortunio? E che poteva io
rispondergli quand' ei mi diceva sospirando
e pregandomi : *Teresa è mia figlia!* — Sì!

divorerò nel rimorso e nella solitudine tutti
i miei giorni : ma io ringrazierò quella tremenda mano invisibile che mi rapì da quel
precipizio donde io cadendo avrei strasci-
nata meco nella voragine quella giovinetta
innocente. Potessi anzi nascondermi a tutto
l'universo e piangere le mie sciagure !...
ma piangere i mali di quella celeste creatura , e piangerli quando io gli ho esacer-
bati ?...

Niuno sa quale segreto sta sepolto quì
dentro... — e questo sudore freddo improvviso, e questo arretrarmi... ed il lamento che
tutte le sere vien di sotterra, e mi chiama...
e quel cadavere....

Spunta appena il giorno, ed io sto per
partire. Da quanto tempo l'aurora mi trova
sempre in un sonno da infermo! La notte
non trovo mai posa. Poco fa io spalancava
gli occhi urlando, guatandomi intorno come
se mi vedessi sul capo il manigoldo. Io sento
nello svegliarmi certi terrori, simile a quegli sciagurati che hanno le mani calde di
delitto. — Addio addio. Parto, e ognor più

lontano. Ti scriverò da Bologna dentr' oggi.
Ringrazia mia madre. Pregala perchè bene-
dica il suo povero figliuolo. S' ella sapesse
tutto il mio stato! ma taci; su le sue piaghe
non aprire un' altra piaga.

~~~~~~~~~~~~~~~

Bologna, 24 luglio, ore 10.

Vuoi tu versare sul cuore del tuo amico
qualche stilla di balsamo? fa che Teresa ti
dia il suo ritratto, e consegnalo a Michele
ch'io ti rimando imponendogli di non ritornare senza tue risposte. Va a' colli Euganei
tu stesso : forse quella disgraziata avrà bisogno di chi la compianga. Leggi alcuni frammenti di lettere che ne' miei affannosi delirj
io tentava di scriverti. Addio.—Se tu vedrai
l'Isabellina baciala mille volte per me.
Quando nessuno si ricorderà più di me,
fors' ella nominerà qualche volta il suo Jacopo. O mio caro! avvolto in tante miserie,
fatto diffidente dalla perfidia degli uomini,
con un'anima ardente e che pur vuole amare
ed essere amata, in chi poss' io confidarmi

se non in una fanciullina non corrotta ancora dall' esperienza e dall' interesse, e che
per una secreta e soave simpatia mi ha tante
volte bagnato del suo pianto innocente? s'io
un giorno sapessi ch'ella mi ha obbliato,
io morrei di dolore.

E tu, mio Lorenzo, m'abbandonerai tu?
L'amicizia cara passione della gioventù ed
unico conforto dell' infortunio langue nella
prosperità. O gli amici, gli amici! Tu non
mi perderai se non quando io scenderò sotterra. Ed io cesso di querelarmi talvolta
delle mie disgrazie perchè senza di esse non
sarei degno forse di un amico; nè avrei un
cuore capace di amarlo. Ma quando io non
vivrò più, e tu avrai ereditato da me il calice delle lagrime... oh! non cercare altro
amico fuor di te stesso.

Bologna, la notte de' 18 luglio.

E mi parrebbe pure di star meno male
s'io potessi dormire lungamente un gravis-
simo sonno. L'oppio non giova; mi desta

(142)

dopo brevi letarghi pieni di visioni e di
spasimi. E sono più notti!—Mi sono alzato
per tentare di scriverti ma non mi regge
più nè la testa nè il polso. Tornerò a coricarmi. Pare che l'anima mia siegua lo stato
negro e burrascoso della natura. Sento dilu-
viare : e giaceio con gli occhi spalancati.
Mio Dio, mio Dio!

⁓⁓⁓⁓⁓⁓

Bologna, 12 agosto.

Ormai sono passati tredici giorni che
Michele è ripartito per le poste, nè torna
ancora : e non veggo tue lettere. Tu pure mi
lasci ? Per dio, scrivimi almeno! aspetterò
sino a lunedì, e poi prenderò la volta di
Firenze. Quì tutto il giorno sto in casa perchè non posso vedermi impacciato fra tanta
gente ; e la notte vo baloccone per città
come una larva e mi sento sbranare l'anima
da tanti indigenti che giaccìono per le
strade, e gridano pane; non so se per loro
colpa, o d'altri... so che l'umanità piange.
Oggi tornandomi dalla posta mi sono ab-

(143)

battuto in due sciagurati tratti al patibolo :
ne ho chiesto a quei che mi si affollavano
addosso; e mi è stato risposto, che uno avea
rubato una mula, e l'altro cinquantasei lire
per fame (1). Ahi società! E se non vi fossero leggi protettrici di còloro che per arric-
chire col sudore e col pianto de' proprj
concittadini gli spingono al bisogno e al
delitto, sarebbero poi si necessarie le pri-
gioni e i carnefici? Io non sono sì matto da
pretendere di riordinare i mortali; ma perchè mi si contenderà di fremere su le loro
miserie e più di tutto su la loro cecità? —
E mi vién detto che non v'ha settimana
senza carnificina; e il popolo vi accorre
come a solenne spettacolo. I delitti intanto
crescono co' supplizj. No no; io non voglie

(1) Parevami prima esagerato questo racconto; ma
poi vidi che nello stato Cisalpino non vi era un codice
criminale. Si giudicava con le leggi de' caduti governi;
e in Bologna con i decreti ferrei de' Cardinali, che
punivano di morte ognif urto qualificato eccedente le
cinquantadue lire. Ma i Cardinali mitigavano quasi
sempre la pena, il che non può essere conceduto a' tribunali della Repubblica. *L' Editore.*

più respirare quest'aria fumante sempre del sangue de' miseri. E dove...?

‹‹‹‹‹‹‹‹‹‹‹‹‹‹‹‹‹

Firenze, 27 agosto.

Diana io adorava le sepolture del Galileo, del Machiavelli, e di Michelangelo; contemplandole io tremava preso da un brivido sacro. Coloro che hanno eretti que' mausolei sperano forse di scolparsi della povertà e delle carceri con le quali i loro avi punivano la grandezza di que' divini intelletti? Oh quanti perseguitati nel nostro secolo saranno venerati dai posteri! Ma le persecuzioni, e gli onori sono documenti della maligna ambizione che rode l'umano gregge.

Presso a que' marmi mi parea di rivivere in quegli anni miei fervidi, quand'io vegliando su le opere de' grandi trapassati mi gittava con la immaginazione fra i plausi delle generazioni future. Ma ora troppo alte cose per me!... e pazze forse. La mia mente è cieca, le membra vacillanti, e il cuore guasto quì, nel profondo.

Ritieni le commendatizie di cui mi scrivi : quelle che mi mandasti io le ho bru-
ciate. Non voglio più oltraggi, nè favori da
veruno degli uomini possenti. L'unico mortale ch'io desiderava conoscere era Vittorio
Alfieri : ma odo dire ch'ei non accoglie
persone nuove : nè io presumo di fargli
rompere questo suo proponimento che de-
riva forse dai tempi, da' suoi studj, e più
ancora dalle sue alte passioni e dall' esperienza della società. E fosse anche una debolezza ; le debolezze degli uomini sommi
vanno rispettate : e chi n'è senza, scagli la
prima pietra.

~~~~~~~~~~~~~~~~~~~~

Firenze, 7 settembre.

Spalanca le finestre, o Lorenzo, e saluta
dalla mia stanza i miei colli. In un bel mattino di settembre saluta in mio nome il
cielo, i laghi, le pianure, che si ricordano
tutti della mia fanciullezza, e dove io per
alcun tempo ho riposato dopo le ansietà
della vita. Se passeggiando nelle notti se-

7

rene i piedi ti conducessero verso i viali
della parrocchia, io ti prego di salire sul
monte dei pini che serba tante dolci e funeste mie rimembranze. Appiè del pendio,
passata la macchia de' tigli che fanno l'aere
sempre fresco e odorato, là dove que' riga-
gnoli adunano un pelaghetto, troverai il sa-
lice solitario sotto i cui rami piangenti io
stava più ore prostrato parlando con le mie
speranze. Giunto presso alla cima, tu pure
udrai forse un cuculo il quale parea che
ogni sera mi chiamasse col lugubre suo me-
tro, e soltanto lo interrompea quando accor-
geasi del mio borbottare o del calpestio de'
miei piedi. Il pino dove allora stava nascosto
fa ombra ai rottami di una cappelletta ove
anticamente si ardeva una lampada a un
crocifisso : il turbine la sfracellò; e quelle
ruine mezzo sotterrate mi pareano nell'oscurità pietre sepolcrali, e più volte io mi pensava di erigere in quel luogo e fra quelle
secrete ombre il mio avello. Ed ora? chi sa
ov'io lascierè le mie ossa. — Consola tutti i
contadini che ti chiederanno di me. Già
tempo mi si affollavano intorno, ed io li
chiamava miei amici, e mi chiamavano il

loro benefattore. Io era il medico più accètto
a' loro figliuoletti malati; io ascoltava amorevolmente le querele di que' meschini lavoratori, e componeva i loro dissidj; io
filosofava con que' rozzi vecchj cadenti in-
gegnandomi di dileguare dalla lor fantasia
i terrori della religione, e dipingendo i
premj che il cielo riserba all' uomo stanco
della povertà e del sudore. Ma or saranno
dolenti, perchè io in questi ultimi mesi passava muto e fantastico senza talvolta rispondere a' loro saluti, e scorgendoli da lontano
mentre cantando tornavano da' lavori, o ri-
conduceano gli armenti, io gli scansava im-
boscandomi dove la selva è più negra. E mi
vedeano su l'alba saltare i fossi e sbadatamente urtar gli arboscelli, i quali crollando
mi pioveano la brina su le chiome; e così
affrettarmi per le praterie, e poi arrampi-
carmi sul monte più alto d' onde io ferman-
domi ritto ed ansante, con le braccia stese
all' oriente, aspettava il sole onde querelarmi con lui perchè più non sorgeva allegro
per me. Ti additeranno il ciglione della
rupe sul quale mentre il mondo era addormentato io sedeva intento al lontano fragore

delle acque, e al rombare dell'aria quando
i venti-.ammassavano quasi su la mia testa
le nuvole, e le spingevano a involvere la
luna che tramontando, ad ora ad ora illuminava nella pianura co'suoi pallidi raggi
le croci conficcate su i cumuli del cimiterio;
c'allora il villano de'vicini tugurj, per le
mie grida destandosi sbigottito, s'affacciava
alla porta e m'udiva in quel silenzio solenne mandare le mie preci, e piangere, e
ululare, e guatare dall'alto le sepolture, e
invocare la morte. O antica mia solitudine!
Ove sei tu? Non v'è gleba, non antro, non
albero che non mi riviva nel cuore alimen-
tandomi quel soave e patetico desiderio che
sempre accompagna fuori delle sue case
l'uomo esule, e sventurato. Parmi che i
miei piaceri e i miei stessi dolori i quali
talvolta in que'luoghi m'erano cari... tutto
insomma quello ch'è mio, sia rimasto tutto
con te; e che qui non si strascini pellegri-
nando se non lo spettro del povero Jacopo.

Ma tu, mio solo amico, perchè appena
mi scrivi due nude parole annunziandomi
che tu sei con Teresa? e non mi dici nè

Come vive, nè se osa più nominarmi, nè se
Odoardo me l'ha rapita. Corro, e ricorro
alla posta, ma invano; e torno lento, smarrito, e mi si legge nel volto il presentimento
di grave sciagura. E mi par d'ora in ora
udirmi annunziare la mia sentenza mortale... *Teresa ha giurato.* — Oimè! e quando
mai cesserò da' miei funebri delirj, e dalle
mie folli lusinghe? d'illusione in illusione!... Addio, addio.

Firenze, 17 settembre.

Tu mi hai inchiodata la disperazione nel
cuore. Omai vedo che Teresa tenta di ob-
bliare questo infelice. Il suo ritratto lo
aveva mandato a sua madre prima ch'io lo
chiedessi? — tu me lo giuri ed io lo credo;
ma... bada! tu stesso per tentare di risanar-
mi, congiuri forse a contendermi l'unico
balsamo alle mie viscere lacerate.

O mie speranze! si dileguano tutte; ed io
siedo quì abbandonato nella solitudine del
mio dolore.

In chi dévo più confidare? non mi tradire, Lorenzo : io non ti perderò mai dal mio petto, perchè la tua memoria è necessaria all'amico tuo : in qualunque tua avversità tu non mi avresti perduto. Sono io dunque destinato a vedermi svanire tutto davanti?... anche l'unico avanzo di tante speranze ? ma sia così! io non mi querelo nè di lei, nè di te... ma di me stesso e della mia fortuna.

Voi mi lascierete tutti, tutti : ma il mio cuore e il mio gemito vi seguirà in ogni luogo, e da ogni luogo vi richiamerò sospirando. — Ecco le due sole righe di Teresa. « Abbiate rispetto a' vostri giorni; io ve lo » comando... ed alle nostre disgrazie. Non » siete solo infelice. Avrete il mio ritratto » quando potrò... Mio padre vi piange con » me... ma con le lagrime mi proibisce di » più scrivervi ; ed io piangendo lo pro- » metto, e vi scrivo piangendo. Addio... » addio per sempre. »

Tu sei dunque più forte di me? sì; io ripeterò queste parole come se fossero le tue ultime voci : io parlerò teco un'altra volta, o Teresa ; ma solo in quel giorno che avrò tutta la ragione e il coraggio di separarmi da te eternamente.

Che se ora l'amarti di questo amore insoffribile immenso, e tacere, e seppellirmi agli occhi di tutti ti restituisse la pace ... se la mia morte soltanto potesse espiare in faccia a' nostri persecutori là tua passione, e sopirla per sempre nel tuo petto; io supplico con tutto l'ardore e la verità dell'anima mia la natura ed il cielo perchè mi tolgano finalmente dal mondo. Ma tu deh! vivi per quanto puoi felice... per quanto puoi ancora. Il destino risparmi per te, mia dolce, e sventurata amica, tutte le lagrime ch'io verso. Pur troppo tu, pur troppo! partecipi del doloroso mio stato. Io ti ho fatta infelice... e come ho ricompensato tuo padre delle amorose sue cure, della sua fiducia, de' suoi consiglj, delle sue carezze? e tu in che precipizio ti trovavi per me! Ma io sono pronto a qualunque sacrificio; la mia vita, il mio amore... io ti consacro tutto tutto. Non posso incolpare che il nostro destino; ma l'esserti stato causa di affanni è il più grande delitto ch'io potessi commettere.

Ohimè! con chi parlo?...

Se questa lettera ti trova ancora a' miei
colli, o Lorenzo, non la mostrare a Teresa.
Non le parlare di me... se te ne chiede,
dille ch' io vivo, ch' io vivo ancora... non
le parlare insomma di me. Ma io te lo confesso; mi compiaccio delle mie infermità;
io stesso palpo le mie ferite dove sono più
mortali, e cerco d'inasprirle, e le contemplo
insanguinate... e mi pare che i miei martirj rechino qualche espiazione alle mie
colpe, e un breve refrigerio ai mali di quella
sventurata, — Addio, mio solo amico, addio.

Firenze, 25 settembre.

In queste terre beate si ridestarono dalla
barbarie le sacre muse e le lettere. Dovun-
que io mi volga trovo le case ove nacquero,
e le pie zolle dove riposano que' primi grandi Toscani : ad ogni passo pavento di calpestare le loro reliquie. La Toscana è un giardino; il popolo naturalmente gentile; il
cielo sereno; e l' aria piena di vita e di salute. Ma l' amico tuo non trova requie ; spero

sempre... domani, nel paese vicino... e
il domani giunge, ed eccomi di città in
città, e mi sento sempre più infermo, e mi
pesa ognor più questo stato di esilio e di
solitudine. — Neppure mi è conceduto di
proseguire il mio viaggio; avea decretato di
andare a Roma a prostrarmi sugli avanzi
della nostra grandezza. Mi negano il passa-
porto; quello già mandatomi da mia madre
è per Milano : e quì, come s'io fossi venuto
a congiurare, mi hanno circuito con mille
interrogazioni : non avran torto; ma io ci
risponderò domani partendo. — Così noi
tutti Italiani siamo fuorusciti e stranieri in
Italia, e lontani appena da nostro territo-
riuccio, nè ingegno, nè fama, nè illibati
costumi ci sono di scudo; e guai se t'attenti
di mostrare una dramma di sublime coraggio ! Sbanditi appena dalle nostre porte,
non troviamo chi ne raccolga : spogliati dagli uni, scherniti dagli altri, traditi sempre
da tutti, abbandonati da' nostri medesimi
concittadini i quali anzichè compiangersi e
soccorrersi nella comune calamità, guardano come barbari tutti quegl'Italiani che
non sono della loro provincia, e dalle cui

membra non suonano le stesse catene...
dimmi, Lorenzo, quale asilo ci resta?...
Le nostre messi hanno arricchiti i nostri do-
minatori, ma le nostre terre non porgono
nè tugurj nè pane a tanti Italiani che la rivoluzione ha balestrati fuori del cielo na-
tìo, e che languenti di fame e di stanchezza
han sempre al fianco il solo, il supremo
consigliere dell'uomo destituto da tutta la
natura, il delitto! Per noi dunque quale
asilo più resta fuorchè il deserto, o la tomba?... e la viltà! e chi più si avvilisce più
vive forse, ma vituperoso a se stesso, e de-
riso da quei tiranni medesimi a cui si vende,
e da' quali sarà un dì trafficato.

Ho corsa tutta Toscana. Tutti i monti e
tutti i campi sono insigni per le fraterne
battaglie di quattro secoli addietro; i cadaveri intanto d'infiniti Italiani ammazzatisi
hanno fatte le fondamenta a' troni degl'Im-
peradori e de' Papi. Sono salito a Monteaperto dove è infame ancor la memoria della
sconfitta dei Guelfi (1). Biancheggiava ap-

(1) Dante accenna divinamente questa battaglia
nel X dell' Inferno ; e que' versi forse suggerirono

pena un crepuscolo di giorno, e in quel
mesto silenzio e in quella oscurità fredda,
con l'anima investita da tutte le antiche e
fiere sventure che sbranano la nostra patria... o mio Lorenzo! io mi sono sentito
abbrividare, e rizzare i capelli; io gridava
dall' alto con una voce minacciosa e spaventata. E mi parea che salissero e scendes-
sero dalle vie più dirupate della montagna
le ombre di tutti que' Toscani che si erano
uccisi, con le spade e le vesti insanguinate,
guatarsi biechi, e fremere tempestosamente,
e azzuffarsi e lacerarsi le antiche ferite...
Oh per chi quel sangue? Il figliuolo tronca
il capo al padre e lo squassa per le chiome...
E per chi tanta scellerata carnificina? I Re
per cui vi trucidate si stringono nel bollor
della zuffa le destre, e pacificamente si dividono le vostre vesti e il vostro terreno. —
Urlando io fuggiva precipitosamente guatandomi dietro. E quelle orride fantasie mi

all' Ostia di visitare Monteaperto. Ma il lettore può
trarne più ampie notizie da' comenti del Landino e del
Vellutello al canto citato, e dalle croniche di Giovanni
Villani, Lib. IV. 83. L'Editore.

seguitavano sempre... e ancora quando io
mi trovo solo di notte mi sento intorno
quegli spettri, e con essi uno spettro più
tremendo di tutti, e ch'io solo conosco...
— E perchè io debbo dunque o mia patria
accusarti sempre e compiangerti, senza niuna
speranza di poterti emendare o di soccor-
rerti mai ?

Milano, 27 ottobre.

Ti scrissi da Parma; e poi da Milano il dì
ch'io giunsi : la settimana addietro ti scrissi
una lettera lunghissima. Come dunque la
tua mi capita sì tarda, e per la via di Toscana donde partii sino da' 28 settembre ?
— mi morde un sospetto... le nostre lettere
sono intercette. I governi milantano la sicurezza delle sostanze; ma invadono intanto
il secreto, la preziosissima di tutte le proprietà : vietano le tacite querele : e profanano
l'asilo sacro che le sventure cercano nel
petto dell'amicizia. Sia pure ! io mel dovea
prevedere : ma que' loro manigoldi, non an-

dranno più a caccia delle nostre parole e
de' nostri pensieri. Troverò compenso perchè le nostre lettere d'ora in poi viaggino
inviolate.

Tu mi chiedi novelle di Giuseppe Parini:
serba la sua generosa fierezza, ma parmi
sgomentato dai tempi e dalla vecchiaja. An-
dandolo a visitare lo incontrai su la porta
delle sue stanze mentr' egli strascinavasi
per uscire. Mi ravvisò, e fermatosi sul suo
bastone mi pose la mano su la spalla, dicendomi : Tu vieni a rivedere quest' ani-
moso cavallo che si sente nel cuore la superbia della sua bella gioventù, ma che ora
stramazza fra via, e si rialza soltanto per le
battiture della fortuna. —

Egli paventa di essere cacciato dalla sua
cattedra e di trovarsi costretto dopo settanta
anni di studj e di gloria ad agonizzare ele-
mosinando.

CHIESI la vita di Benvenuto Cellini a un librajo: — non l'abbiamo. Lo richiesi di un altro scrittore e allora quasi dispettoso mi disse, ch' ei non vendeva libri italiani. La gente civile parla elegantemente il francese, e appena intende lo schietto toscano. I pubblici atti e le leggi sono scritte in una cotal lingua bastarda che le ignude frasi suggellano la ignoranza e la servitù di chi le detta. I Demosteni Cisalpini disputarono caldamente nel loro senato per esiliare con sentenza capitale dalla repubblica la lingua greca e la latina. S' è creata una legge che avea l' unico fine di sbandire da ogni impiego il matematico Gregorio Fontana, e Vincenzo Monti (1). Chiesi ov' erano le sale de' consiglj legislativi; pochi m' intesero, pochissimi mi risposero, e niuno seppe insegnarmi.

_____

(1) Uno matematico insigne; l'altro insigne poeta. *L'Editore.*

Milano, 4 dicembre.

Siati questa l'unica risposta a' tuoi consiglj. In tutti i paesi ho veduto gli uomini sempre di tre sorte: i pochi che comandano, l'universalità che serve, e i molti che brigano. Noi non possiam comandare nè forse siam tanto scaltri, noi non siam ciechi nè vogliamo ubbidire, noi non ci degniamo di brigare. E il meglio è vivere come que' cani senza padrone a' quali non toccano nè tozzi nè percosse. — Che vuoi tu ch' io accatti protezioni ed impieghi in uno stato ov' io sono reputato straniero, e d'onde il capriccio di ogni spia può farmi sfrattare? Tu mi esalti sempre il mio ingegno: sai tu quanto io vaglio? nè più nè meno di ciò che vale la mia entrata: se per altro io non facessi il *letterato di corte* rintuzzando quel nobile ardire che irrita i potenti, e dissimulando la virtù e la scienza, per non rimproverarli della loro ignoranza, e delle loro scelleraggini. Letterati!... — O! tu dirai, così dappertutto. E sia così: lascio il mondo com' è; ma s'io dovessi impacciarmene vor-

rei o che gli uomini mutassero modo, o che
mi facessero mozzare il capo sul palco; e
questo mi pare più facile. Non che i tiran-
netti non si avvedano delle brighe : ma gli
uomini balzati da' trivj al trono hanno
d'uopo di faziosi che poi non possono contenere. Gonfj del presente, spensierati dell'
avvenire, poveri di fama, di coraggio, e
d'ingegno si armano di adulatori e di satel-
liti, da' quali, quantunque spesso traditi e
derisi, non sanno più svilupparsi : perpetua
ruota di servitù, di licenza, e di tirannia.
Per essere padroni e ladri del popolo conviene prima lasciarsi opprimère, depredare,
e conviene leccare la spada grondante del
tuo sangue. Così potrei forse procacciarmi
una carica, qualche migliajo di scudi ogni
anno di più, rimorsi, ed infamia. Odilo un'
altra volta. *Non reciterò mai là parte del piccolo briccone.*

Tanto e tanto so di essere calpestato; ma
almen fra la turba immensa de' miei con-
servi, simile a quegli insetti che sono sbadatamente schiacciati da chi passeggia. Non
mi glorio come tanti altri della servitù, nè
i miei tiranni si pasceranno del mio avvili-

mento. Serbino ad altri le loro ingiurie e i
lor beneficj; e vi son tanti che pur vi ago-
gnano! Io fuggirò il vituperio morendo
ignoto. E quando io fossi costretto ad uscire
dalla mia oscurità, anzichè mostrarmi fortunato stromento della licenza o della tiran-
nide, torrei d'essere vittima illustre.

Che se mi mancasse il pane e il fuoco, e
questa che tu mi additi fosse l'unica sorgente di vita, — cessi il cielo ch'io insulti
alla necessità di tanti altri che non potrebbero imitarmi — davvero, Lorenzo, io me
n'andrei alla patria di tutti, dove non vi
sono nè delatori, nè conquistatori, nè letterati di corte, nè principi, dove le ricchezze
non coronano il delitto, dove il misero non
è giustiziato non per altro se non perchè è
misero, dove un dì o l'altro verranno tutti
ad abitare con me e a rimescolarsi nella
materia,... sotterra.

Aggrappandomi sul dirupo della vita, sieguo un lume ch'io scorgo da lontano e che
non posso raggiungere mai. Anzi mi pare
che s'io fossi con tutto il corpo dentro la
fossa, e che rimanessi sopra terra solamente
col capo, mi vedrei sempre quel lume fiam-

meggiare sugli occhi. O Gloria! tu mi corri
sempre dinanzi, e così mi lusinghi a un
viaggio a cui le mie piante non reggono più.
Ma dal giorno che tu più non sei la mia
sola e prima passione, il tuo risplendente
fantasma comincia a spegnersi e a barcol-
lare... cade e si risolve in un mucchio d'ossa
e di ceneri fra le quali io veggo sfavillar
tratto tratto alcuni languidi raggi; ma ben
presto io passerò camminando sopra il tuo
scheletro, e sorridendo della mia delusa
ambizione. — Quante volte vergognando di
morire ignoto al mio secolo ho accarezzate
io medesimo le mie angosce mentre mi
sentiva tutto il bisogno, e il coraggio di
terminarle. Nè avrei forse sopravvissuto alla
mia patria se non mi avesse rattenuto il
folle timore che la pietra posta sopra il mio
cadavere non seppellisca ad un tempo il mio
nome. Lo confesso; sovente ho guardato
con una specie di compiacenza le miserie
d'Italia, poichè mi parea che la fortuna e
il mio ardire riserbassero a me solo il merito di liberarla. Io lo diceva jer sera al
Parini... — addio. Ecco il messo del ban-
chiere che viene a prendere questa lettera;

e il foglio tutto pieno mi dice di finire; ma
ho a dirti ancora assai cose : protrarrò di
spedirtela sino a sabbato; e continuerò a
scriverti. Dopo tanti anni di sì affettuosa e
leale amicizia, eccoci, e forse eternamente,
disgiunti. A me non resta altro conforto che
di piangere teco scrivendoti : e così mi
libero alquanto da' miei pensieri, e la mia
solitudine diventa assai meno spaventosa.
Sai quante notti io mi risveglio, e m' alzo,
e aggirandomi lentamente per le stanze
t' invoco co' miei gemiti! siedo e ti scrivo :
e quelle carte sono tutte macchiate di pianto
e piene de' miei pietosi delirj e de' miei
feroci proponimenti. Ma non mi dà il cuore
d' inviartele. Ne serbo taluna, e molte ne
brucio. Quando poi il cielo mi manda questi
momenti di calma, io ti scrivo con quanto
più di fermezza mi è possibile per non con-
tristarti col mio immenso dolore. Nè mi
stancherò di scriverti; tutt' altro conforto è
perduto; nè tu, mio Lorenzo, ti stancherai
di leggere queste carte ch' io senza vanità e
senza rossore ti ho sempre scritto ne' sommi
piaceri e ne' sommi dolori dell'anima mia.
Serbale. Presento che un dì ti saranno ne-

cessarie per vivere, almeno come potrai,
col tuo Jacopo.

Jer sera dunque io passeggiava con quel
vecchio venerando nel sobborgo orientale
della città sotto un boschetto di tigli : egli
si sosteneva da una parte sul mio braccio,
dall'altra sul suo bastone : e talora guardava
gli storpj suoi piedi e poi senza dire parola
volgevasi a me, quasi si dolesse di quella
sua infermità, e mi ringraziasse della pazienza con la quale io lo accompagnava.
S'assise sopra uno di que' sedili ed io con
lui : il suo servo ci stava poco discosto. Il
Parini è il personaggio più dignitoso e più
eloquente ch' io m'abbia mai conosciuto; e
d'altronde un profondo, generoso, meditato
dolore a chi non dà somma eloquenza? mi
parlò a lungo della sua patria : fremeva e
per le antiche tirannidi e per la nuova licenza. Le lettere prostituite : tutte le passioni languenti e degenerate in una indolente vilissima corruzione; non più la sacra
ospitalità, non la benevolenza, non più
l'amor filiale... e poi mi tesseva gli annali
recenti e i delitti di tanti uomicciattoli
ch' io degnerei di nominare se le loro scel-

leraggini mostrassero il vigore d'animo non
dirò di Silla e di Catilina ma di quegli ani-
mosi masnadieri che affrontano il misfatto
quantunque gli vedano presso il patibolo...
— Ma ladroncelli, tremanti, saccenti... più
onesto insomma è tacerne. — A quelle parole io m' infiammava di un sovrumano
furore, e sorgeva gridando : chè non si
tenta? morremo? ma frutterà dal nostro sangue il vendicatore. — Egli mi guardò attonito : gli occhi miei in quel dubbio chiarore
scintillavano spaventosi, e il mio dimesso e
pallido aspetto si rialzò con un' aria minac-
cevole; io taceva, ma si sentiva ancora un
fremito rumoreggiare cupamente dentro il
mio petto. E ripresi : non avremo salute
mai? ah se gli uomini si conducessero sém-
pre al fianco la morte, servirebbero così
vilmente ? — Il Parini non apria bocca, ma
stringendomi il braccio mi guardava ogni
ora più fisso. Poi mi trasse come accennan-
domi perch' io tornassi a sedermi; e pensi
tu, proruppe, che s'io discernessi un barlume di libertà, mi perderei ad onta della
mia inferma vecchiaja in questi vani la-
menti ? o giovine degno di un altro secolo,

ma povero di ricchezze, ed incauto d'ingegno come sei tu, sarà sempre o l'ordigno
del fazioso, o la vittima del potente. E dove
tu nelle pubbliche cose possa preservarti
incontaminato dalla comune bruttura, oh!
tu sarai altamente laudato, ma spento poscia
dal pugnale notturno della calunnia; la tua
prigione sarà abbandonata da' tuoi amici, e
il tuo sepolcro degnato appena di un secreto
sospiro. — Ma poniamo che tu superando e
la prepotenza degli stranieri, e la malignità
de' tuoi concittadini, e la corruzione de'
tempi, potessi aspirare al tuo intento... di?
spargerai tutto il sangue col quale conviene
nutrire una nascente repubblica? arderai le
tue case con le faci della guerra civile? uni-
rai col terrore i partiti? spegnerai con la
morte le opinioni? adeguerai con le stragi
le fortune? ma se tu cadi tra via, vediti
esecrato dagli uni come demagogo, dagli
altri come tiranno. Gli amori della moltitudine sono brevi ed infausti : giudica, più
che dall' intento, dalla fortuna; chiama
virtù il delitto utile, e scelleraggine l'onestà
che le pare dannosa, e per avere i suoi
plausi conviene o atterrirla, o ingrassarla,

·

e ingannarla sempre. E ciò sia. Potrai tu
allora inorgoglito dalla sterminata fortuna
reprimere in te la passione del supremo potere che ti sarà fomentata e dal sentimento
della tua superiorità, e dalla conoscenza del
comune avvilimento? I mortali sono naturalmente schiavi, naturalmente tiranni, naturalmente ciechi. Intento tu allora a pun-
tellare il tuo trono, di filosofo saresti fatto
tiranno, e per pochi anni di possanza e di
tremore avresti perduta la tua pace, e confuso il tuo nome fra la immensa turba dei
despoti. — Ti avanza ancora un seggio fra i
capitani il quale si afferra per mezzo di un
ardire feroce, di un' avidità che rapisce per
profondere, e spesso di una viltà, per cui si
lambe la mano che t' aita a salire. Ma... o
figliuolo! l' umanità geme al nascere di un
conquistatore e non ha per conforto se non
la speme di sorridere su la sua bara.

Tacque; ed io dopo un lunghissimo silenzio esclamai: O Cocceo Nerva! tu almeno
sapevi morire incontaminato (1). — Il vec-

---

(1) Questa esclamazione dell' Ortis dee mirare a
quel passo di Tacito — « Cocceo Nerva assiduo col

8

chio mi guardò... se tu nè speri, nè temi
fuori di questo mondo... — e mi stringeva
la mano — ma io... Alzò gli occhi al cielo,
e quella severa sua fisonomia si raddolciva
di un soave conforto come s'ei lassù con-
templasse tutte le sue speranze. — Intesi un
calpestio che s'avvanzava verso di noi; e
poi travidi gente fra i tiglj; ci rizzammo, ed
io l'accompagnai sino alle sue stanze.

Ah s'io non mi sentissi omai spento quel
fuoco celeste che nel caro tempo della fresca
mia gioventù spargeva raggi su tutte le cose
che mi stavano intorno, mentre ora vo
brancolando in una vota oscurità! s'io potessi avere un tetto ove dormire sicuro; se

---

» principe, in tutta umana e divina ragione dotissimo,
» florido di fortuna e di vita, si pose in cuor di morire.
» Tiberio il seppe, e instò interrogandolo, pregan-
» dolo, sino a confessare che gli sarebbe di rimorso e
» di macchia se il suo famigliarissimo amico fuggisse
» senza ragioni la vita. Nerva sdegnò il discorso, anzi
» s'astenne d'ogni alimento. Chi sapea la sua mente,
» diceva, ch'ei più dappresso veggendo i mali della
» repubblica, per ira e sospetto volle, finchè era illi-
» bato e non cimentato, onestamente finire. » Annali VI. 26. *L'Editore.*

non mi fosse conteso di rinselvarmi fra le
ombre del mio romitorio; se un amore di-
sperato che la mia ragione combatte sempre,
e che non può vincere mai... questo amore
ch'io celo a me stesso, ma che riarde ogni
giorno e che è omai fatto onnipotente, immortale... ahi! la natura ci ha dotati di
questa passione che è indomabile in noi
forse più dell'istinto fatale della vita... se
io potessi insomma impetrare un anno solo
di calma, il tuo povero amico vorrebbe
sciogliere ancora un voto e poi morire. Io
odo la mia patria che grida: = Scrivi ciò
che vedesti. Manderò la mia voce dalle
rovine, e ti detterò la mia storia. Piangeranno i secoli su la mia solitudine; e le
genti s'ammaestreranno nelle mie disavventure. Il tempo abbatte il forte: e i delitti di sangue sono lavati nel sangue. =
E tu lo sai, Lorenzo; avrei il coraggio di
scrivere, ma l'ingegno va morendo con le
mie forze, e vedo che fra pochi mesi io
avrò finito questo mio angoscioso pellegrinaggio.

Ma voi, pochi sublimi animi, che solitarj
o perseguitati su le antiche sciagure della

nostra patria fremete, se i cieli vi conten-
dono di lottar con la forza, perchè almeno
non raccontate alla posterità i nostri mali?
Alzate la voce in nome di tutti, e dite al
mondo, che siamo sfortunati, ma nè ciechi
nè vili; che non ci manca il coraggio ma la
possanza. — Se avete le braccia in catene,
perchè inceppate da voi stessi anche il vostro intelletto di cui nè i tiranni nè la fortuna, arbitri d'ogni cosa, possono essere
arbitri mai? Scrivete. Perseguitate con la
verità i vostri persecutori. E poichè non
potete opprimerli, mentre vivono, co' pu-
gnali, opprimeteli almeno con l'obbrobrio
per tutti i secoli futuri. Se ad alcuni di voi
è rapita la patria, la tranquillità, e le sostanze; se niuno osa divenire marito; se tutti
paventano il dolce nome di padre per non
procreare nell'esilio e nel dolore nuovi
schiavi e nuovi infelici, perchè mai accarezzate così vilmente la vita ignuda di tutti
i piaceri? Perchè non la consecrate all'unico fantasma ch'è duce degli uomini generosi, la gloria? Giudicherete i vostri con-
temporanei, e la vostra sentenza illuminerà
le genti avvenire. L'umana viltà vi mostra

terrori e pericoli; ma voi siete forse immortali ? fra l'avvilimento delle carceri e de'
supplizj v'innalzerete sopra il potente, e il
suo furore contro di voi accrescerà il suo
vituperio e la vostra fama.

Milano, 6 febbraro 1799.

DIRIGGI le tue lettere a Nizza di Provenza
perch'io domani parto verso Francia; e chi
sa ? forse assai più lontano... certo che in
Francia non mi starò lungamente. Non ram-
maricarti, o Lorenzo, di ciò; e consola
quanto tu puoi la povera mia madre. Tu
dirai forse ch'io dovrei fuggire prima me
stesso, e che se non v'ha luogo dov'io trovi
stanza, sarebbe omai tempo ch'io m'acque-
tassi. È vero, non trovo stanza; ma quì peggio che altrove. La stagione, la nebbia perpetua, quest'aria morta, certe fisonomie...
e poi — forse m'inganno — ma parmi di
trovar poco cuore : nè posso incolparli;
tutto si acquista; ma la compassione e la
generosità, e molto più certa delicatezza di

animo nascono sempre con noi, e non le
cerca se non chi le sente. Insomma domani.
E mi si è fitta in fantasia tale necessità di
partire che queste ore d'indugio mi pajono
anni di carcere.

Mal augurato ! perchè mai tutti i tuoi
sensi si risentono soltanto nel dolore, simili
a quelle membra scorticate che all' alito più
blando dell' aria si ritirano ? goditi il mondo
com'è, e tu vivrai più riposato e men pazzo.
Ma se a chi mi declama siffati sermoni io
dicessi : quando ti salta la febbre, fa che il
polso ti batta più lento, e sarai sano ; non
avrebbe egli ragione di credermi farneti-
cante di peggior febbre ? come dunque
poss'io dar leggi al mio sangue che fluttua
rapidissimo ?... e quando urta nel cuore io
sento che vi si ammassa bollendo, e poi
sgorga impetuosamente ; e spesso all'improvviso e talora fra il sonno par che voglia
spaccarmisi il petto. — O Ulissi ! eccomi ad
obbedire alla vostra saviezza a patti ch' io,
quando vi veggo dissimulatori, agghiacciati,
incapaci di soccorrere la povertà senza insultarla, e di difendere il debole dalla in-
giustizia, quando vi veggo per isfamare le

vostre plebee passioncelle prostrati appiè
del potente che odiate e che vi disprezza,
allora io possa trasfondere in voi una stilla
di questa mia fervida bile che pure armò
spesso la mia voce e il mio braccio contro
la prepotenza, che non mi lascia mai gli
occhi asciutti nè chiusa la mano alla vista
della miseria, e che mi salverà sempre dalla
bassezza. Voi vi credete saggi, e il mondo
vi predica onesti... ma toglietevi la paura...
non vi affannate dunque; le parti sono pari:
Dio vi preservi dalle mie *pazzie*, ed io lo
prego con tutta l' espansione dell' anima
perchè mi preservi dalla vostra *saviezza*. —
E s'io scorgo costoro anche quando passano
senza vedermi, io corro subitamente a cercare rifugio nel tuo petto, o Lorenzo. Tu
rispetti amorosamente le mie passioni, quantunque tu abbia sovente veduto questo leone
ammansarsi alla sola tua voce. Ma ora!...
tu il vedi ; ogni consiglio e ogni ragione è
funesta per me. Guai s'io non obbedissi al
mio cuore!... la ragione? — è come il
vento; ammorza le faci, ed anima gl' in-
cendj. Addio frattanto.

Ore 10 della mattina.

Ripenso..: e sarà meglio che tu non mi
scriva finchè tu non abbia mie lettere.
Prendo il cammino delle alpi liguri per
evitare i ghiacci del Moncenis : saí quanto
micidiale m'è il freddo.

Ore 1.

Nuovo inciampo : hanno a passare ancora
due giorni prima ch'io m'abbia il passa-
porto. Consegnerò questa lettera nel punto
ch'io sarò per montare in calesse.

~~~~~~~~~~~~~~~

8 febbraro, ore 1 ½.

Eccomi con le lagrime su le tue lettere.
Riordinando le mie carte mi sono venuti
sott'occhio questi pochi versi che tu mi
scrivesti sotto una lettera di mia madre due
giorni innanzi ch'io abbandonassi i miei
colli. — « T' accompagnano i miei pensieri,
» o mio Jacopo: t'accompagnano i miei voti,
» e la mia amicizia che vivrà eterna per te.
» Io sarò sempre il tuo amico e il tuo fratello

» d'amore; e dividerò teco anche l'anima
» mìa. »

Sai tu ch'io vo ripetendo queste parole
e mi sento sì fieramente percosso che sono
in procinto di venire a gettarmiti al collo e
a spirare fra le tue braccia ? Addio addio.
Tornerò.

Ore 3.

Sono andato a dire addio al Parini. —
Addio, mi disse, o giovine sfortunato. Tu
porterai da per tutto e sempre con te le tue
generose passioni a cui non potrai soddisfare giammai. Tu sarai sempre infelice. Io
non posso consolarti co' miei consiglj, perchè neppur giovano alle mie sventure deri-
vanti dal medesimo fonte. Il freddo dell' età
ha intorpidite le mie membra, ma il mio
cuore.... arde ancora. Il solo conforto che
posso darti è la mia pietà.... e tu la porti
tutta con te. Frappoco io non vivrò più : ma
se le mie ceneri serberanno alcun sentimento.... se troverai qualche sollievo que-
relandoti su la mia sepoltura, vieni.... — io
proruppi in dirottissimo pianto, e lo las-

ciai : ed egli uscì seguendomi con gli occhi
mentr' io fuggiva per quel lunghissimo cor-
ridore, e intesi ch'egli tuttavia mi diceva
con voce piangente.... addio.

Ore 9 della sera.

Tutto è in punto. I cavalli sono ordi-
nati per la mezzanotte. Io vado a coricarmi
così vestito sino a che giungano : mi sento
sì stracco !

Addio frattanto ; addio , Lorenzo. Io
scrivo il tuo nome e ti saluto con tenerezza
e con certa superstizione ch'io non ho pro-
vato mai mai. Ci rivedremo.... se dovessi !...
morrei senza vederti e senza ringraziarti
per sempre? e te mia Teresa.... sì odilo,
t'amo. Ma poichè il mio infelicissimo amore
costerebbe la tua pace ed il pianto della tua
famiglia , io fuggo senza sapere dove mi
strascinerà il mio destino !.... l'alpi e
l'oceano e un mondo intero, s'è possibile,
ci divida.

(179)

Genova, 11 febbraro.

Ecco il sole più bello! Tutte le mie
fibre sono in un tremito soave perchè risentono la giocondità di questo cielo raggiante
e salubre. Sono pure contento di essere partito! proseguirò fra poche ore; non so ancora dirti dove mi fermerò, nè so quando
finirà il mio viaggio : ma per li 16 sarò in
Tolone.

~~~~~~~~~~~~~~~~~~

Dalla Pietra, 15 febbraro.

Strade alpestri, montagne orride dirupate, tutto il rigore del tempo, tutta la stanchezza e i fastidj del viaggio, e poi?...

Nuovi tormenti e nuovi tormentati (1).

Scrivo da un paesetto appiè delle alpi ma-
rittime. E mi fu forza di sostare perchè la
posta è senza cavalcature; nè so quando potrò partire. Eccomi dunque sempre con te,

_____

(1) Dante.

e sempre con nuove afflizioni : sono destinato a non muovere passo senza incontrare
nel mio cammino il dolore. — In questi due
giorni io usciva verso mezzodì un miglio
forse lungi dall'abitato , passeggiando in
certi oliveti che stanno verso la spiaggia del
mare : io vado a consolarmi a' raggi del sole,
e a bere di quell' aere vivace ; quantunque
anche in questo tepido clima il verno di
quest'anno è clemente meno assai dell' usato.
E là mi pensava di essere solo, o almeno
sconosciuto a tutti que' viventi che passavano : ma appena mi ridussi a casa, Michele
il quale venne ad accendermi il fuoco mi
andava raccontando, che un certo uomo
quasi mendico capitato poc'anzi in questa
balorda osteria gli chiese s'io era un giovine
che avea già tempo studiato in Padova; non
gli sapea dire il nome , ma porgeva assai
contrassegni e di me e di que' tempi, e no-
minava te pure.... Davvero, seguì a dire
Michele, io mi trovava imbrogliato; gli ris-
posi nonostante ch'ei s'apponeva : parlava
veneziano; ed è pure la dolce cosa il trovare
in queste solitudini un compatriota. E poi....
è così stracciato ! insomma io gli promisi....

forse può dispiacere al signore.... ma mi ha
fatto tanta compassione ch'io gli promisi di
farlo venire; anzi sta quì fuori. — E venga,
io dissi a Michele; ed aspettando mi sentiva
tutta la persona inondata d'una subitanea
tristezza. Il ragazzo rientrò con un uomo
alto, macilente; parea giovine e bello, ma
il suo volto era contraffatto dalle rughe del
dolore. Fratello! io era impellicciato e al
fuoco; stava gittato oziosamente nella seggiola vicina il mio larghissimo tabarro; l'oste
andava su e giù allestandomi il desinare....
e quell'infelice! era appena in farsetto di
tela ed io intirizziva solo a guardarlo. Forse
la mia mesta accoglienza e il meschino suo
stato l'hanno disanimato da prima; ma poi
da poche mie parole s'accorse che il tuo Jacopo non è nato per disanimare gl'infelici,
e s'assise con me a riscaldarsi, narrandomi
quest'ultimo lagrimevole anno della sua
vita. Mi disse: io conobbi famigliarmente
uno scolare che era dì e notte a Padova con
voi — e ti nominò: — quanto tempo è
ormai ch'io non ne odo novella! ma spero
che la fortuna non gli sarà così iniqua. Io
studiava allora.... — Non ti dirò, mio Lo-

renzo, chi egli è. Devo io rattristarti con
le sventure di un uomo che era un giorno
felice, e che tu forse ami ancora? è troppo
anche se la sorte ti ha destinato ad afflig-
gerti sempre per me.

Ei proseguiva. Oggi venendo da Albenga,
prima di arrivare nel paese v'ho scontrato
lungo la marina. Voi non vi siete accorto
ch'io mi voltava spesso a considerarvi, e
mi parea di avervi ravvisato; ma non conos-
cendovi che di vista, e già essendo scorsi
quattro anni, sospettava di sbagliare. Il vostro servo me ne accerò.

Lo ringraziai perch'ei fosse venuto a vedermi, gli parlai di te; e voi mi siete anche
più grato, gli dissi, perchè m'avete recato
il nome di Lorenzo. — Non ti ripeterò il
suo doloroso racconto. Emigrò per la pace
di Campo - Formio, e s'arruolò Tenente
nell'artiglierìa Cisalpina. Querelandosi un
giorno delle fatiche e delle angarie che gli
parea di sopportare, gli fu da un suo amico
proferito un impiego. Abbandonò la milizia.
Ma l'amico, l'impiego, e il tetto gli man-
carono. Tapinò per l'Italia, e s'imbarcò a
Livorno....

Ma mentr'egli parlava io udiva nella ca
mera contigua un rammarichio di bambino
e un sommesso lamento; e m'avvidi ch'egli
andavasi soffermando ed ascoltava con certa
ansietà, e quando quel rammarichio taceva
ei ripigliava.... Forse, gli diss'io, saranno
passaggeri giunti pur ora.—No, mi rispose;
è la mia figlioletta di tredici mesi che
piange.

E seguì a narrarmi ch'ei mentre era Tenente s'ammogliò a una fanciulla di povero
stato, e che le perpetue marcie a cui la giovinetta non potea reggere, e lo scarso sti-
pendio lo stimolarono ancor più a confidare
in colui che poi lo tradì. Da Livorno navigò
a Marsiglia.... così alla ventura : e si strascinò per tutta Provenza, e poi nel Delfinato
cercando d'insegnare l'Italiano, senza mai
trovare nè lavoro nè pane; ed ora tornava
d'Avignone a Milano. Io mi rivolgo addietro, continuò, e guardo il tempo passato,
e non so come sia passato per me. Senza
danaro, seguito sempre da una moglie este-
nuata, con i piedi laceri, con le braccia
spossate dal continuo peso di una creatura
innocente che domanda alimento all'esausto

petto di sua madre, e che strazia colle sue strida le viscere degli sfortunati suoi genitori, mentre neppure possiamo acquetarla con la ragione delle nostre disgrazie. Quante giornate arsi, quante notti assiderati abbiamo dormito nelle stalle fra i giumenti, o come le bestie nelle caverne! cacciato di città in città da tutti i governi, perchè la mia indigenza mi serrava la porta de' magistrati, o non mi concedeva di dar conto di me: e chi mi conoscea o non volle più conoscermi, o mi voltò le spalle. — E sì, gli diss'io, so che a Milano e altrove molti de' nostri concittadini emigrati sono tenuti liberali. — Dunque; soggiunse, la mia fiera fortuna li ha fatti crudeli solo per me. Anche le persone di ottimo cuore si stancano di fare del bene; sono tanti i tapini! io non lo so.... ma il tale.... il tale.... (e i nomi di questi uomini ch'io scopriva così ipocriti mi erano, Lorenzo, tante coltellate nel cuore) chi mi ha fatto aspettare assai volte vanamente alla sua porta; chi dopo sviscerate promesse mi fe' camminare molte miglia sino al suo casino di diporto per farmi la limosina di poche lire; il più umano mi

gittò un tozzo di pane senza volermi vedere;
e il più magnifico mi fece così sdruscito
passare fra un corteggio di famiglie di con-
vitati, e dopo d'avermi rammemorata la
scaduta prosperità della mia famiglia, e in-
culcatomi lo studio e la probità, mi disse
amichevolmente di ritornare domattina per
tempo. Tornato, trovai nell'anticamera trè
servidori uno de' quali mi disse che il padrone dormiva, e mi pose nelle mani due
scudi ed una camiccia. Ah signore ! non so
se voi siete ricco.... ma il vostro volto, e
quei sospiri mi dicono che voi siete sventurato e pietoso. Credetemi ; io vidi per prova
che il danaro fa parere benefico anche l'usu-
rajo, e che l'uomo splendido di rado si
degna di locare il suo beneficio fra i cenci.
— Io taceva, ed egli alzandosi per lasciarmi,
riprese. I libri m'insegnavano ad amare gli
uomini e la virtù ; ma i libri, gli uomini, e
la virtù mi hanno tradito. Ho dotta la testa,
sdegnato il cuore, e le braccia inette ad
ogni utile mestiere. Se mio padre udisse
dalla terra ove sta seppellito con che gemito
grave io lo accuso di non avere fatti i suoi
cinque figliuoli legnajuoli o sartori ! Per la

misera vanità di serbare la nobiltà senza la
fortuna ha sprecato per noi tutto quel poco
che egli evea, nelle università e nel bel-
mondo. E noi frattanto?... Non ho mai saputo che si abbia fatto la fortuna degli altri
miei fratelli. Scrissi molte lettere, ma non
vidi risposta : o sono miseri, o sono snatu-
rati. Ma per me.... ecco il frutto delle ambi-
ziose speranze del padre mio. Quante volte
io sono forzato o dalla notte, o dal freddo,
o dalla fame a ricovrarmi in una osteria;
ma entrandovi non so come pagherò la mattina imminente. Senza scarpe, senza vesti...
— Ah copriti? gli diss'io, rizzandomi, e lo
coprii del mio tabarro. E Michele, che venuto già in camera per qualche faccenda
vi s'era fermato poco discosto ascoltando,
si avvicinò asciugandosi gli occhi col roves-
cio della mano, e gli aggiustava in dosso
quel tabarro, ma con un certo rispetto come
s'ei temesse d'insultare alla bassa fortuna
di quella persona così ben nata.

O Michele! io mi ricordo che tu potevi
vivere libero sino dal dì che tuo fratello
maggiore aprendo una botteghetta ti chiamò
seco, eppure scegliesti di rimanere con me,

benchè servo : io noto l'amoroso rispetto
per cui tu dissimuli gl'impeti miei fan-
tastici, e taci anche le tue ragioni ne' momenti dell'ingiusta mia collera : e vedo con
quanta illarità te la passi fra le noje della
mia solitudine; e vedo la fede con che so-
stieni i travaglj di questo mio pellegrinaggio. Spesso col tuo gioviale sembiante mi
rassereni ; ma quando io taccio le intere
giornate, vinto dal mio nerissimo umore,
tu reprimi la gioja del tuo cuore contento
per non farmi accorgere del mio stato...
Pure!... questo atto gentile verso quel di-
sgraziato ha colmata la mia riconoscenza
per te. Tu se' il figliuolo della mia nutrice,
tu se' allevato nella mia casa, nè io t'abban-
donerò mai. Ma io t'amo ancor più poichè
mi avvedo che il tuo stato servile avrebbe
forse indurita la bella tua indole, se non ti
fosse stata coltivata dalla mia tenera madre,
da quella donna che con l'animo suo dili-
cato, e co' soavi suoi modi fa cortese e amoroso tutto quello che vive con lei.

Quando fui solo diedi a Michele quel più
che ho potuto, ed egli, mentre io desinava,
lo recò a quel derelitto. Appena mi sono

risparmiato tanto da giungere a Nizza dove
negozierò le cambiali ch' io ne' banchi di
Genova mi feci spedire per Tolone e Marsiglia. — Stamattina quando egli prima di
andarsene è venuto con la sua moglie e con
la sua creatura per ringraziarmi, ed io vedeva con quanto giubilo mi replicava: senza
di voi io sarei oggi andato cercando il primo
ospitale... io non ho avuto animo di rispondergli; ma il mio cuore gli diceva : ora tu
hai come vivere per quattro mesi... per sei...
e poi? la bugiarda speranza ti guida intanto
per mano, e l' ameno viale dove t' innoltri
mette forse a un sentiero più disastroso. Tu
cercavi il primo ospitale... e t' era forse poco
discosto l' asilo della fossa. Ma questo mio
poco soccorso, nè la sorte mi concede di
ajutarti davvero, ti ridarà più vigore onde
sostenere di nuovo e per più tempo que'
mali che già t' aveano quasi consunto e liberato per sempre. Goditi intanto del presente... ma quanti disastri hai pur dovuto
sopportare perchè questo tuo stato, che a
molti pure sarebbe affannoso, a te paja si
lieto! Ah se tu non fossi padre e marito io
ti darei forse un consiglio... — e senza dirgli

parola l' ho abbracciato, e mentre partivano,
io li guardava stretto da un crepacuore
mortale.

(1) Jer sera spogliandomi io pensava : perchè mai quell' uomo emigrò dalla sua patria?
perchè s' ammogliò? perchè lasciò un impiego sicuro ? e tutta la storia di lui mi
pareva il romanzo di un pazzo ; ed io sillo-
gizzava cercando ciò ch' egli per non strascinarsi dietro tutte quelle sventure avrebbe
potuto fare, o non fare. Ma siccome ho più
volte udito infruttuosamente ripetere siffatti
perehè, ed ho veduto che tutti fanno da me-
dici nelle altrui malattie... io sono andato
a dormire borbottando : o mortali che giu-
dicate inconsiderato tutto quello che non è
prospero, mettetevi una mano sul petto e
poi confessate... siete più savj o più fortunati ?

---

(1) Questo squarcio benchè si trovi senza data, in
diverso foglio, e per caso fuori della serie di tutte le
lettere, nondimeno dal contesto apparisce scritto dallo
stesso paese il dì dopo in aggiunta alla lettera precedente. *L'Editore.*

Or credi tu vero tutto ciò ch' ei narrava?
— io?... credo ch' egli era mezzo nudo ed
io vestito; ho veduto una moglie languente;
ho udite le strida di una bambina. Mio Lorenzo, si vanno pure cercando con la lan-
terna ognora nuove ragioni contra il povero
perchè si sente nella coscienza il diritto che
la natura gli ha dato su le sostanze del ricco.
— Eh! le sciagure non derivano per lo più
che da' vizj, e in costui forse derivarono da
un delitto... Forse? per me non lo so, nè lo.
indago. Io giudice condannerei tutti i de-
linquenti, ma io uomo!... ah! penso al
ribrezzo che costa il solo pensiero del delitto; alla fame e alle passioni che strascinano a consumarlo; agli spasimi perpetui;
al rimorso con cui si mangia il frutto insanguinato della colpa; alle carceri che il reo
si mira sempre spalancate per seppellirlo...
e s' egli poi scampando dalla giustizia ne
paga il fio col disonore e con l'indigenza,
dovrò io abbandonarlo alla disperazione ed
a nuovi delitti? è egli solo colpevole? la
calunnia, il tradimento del secreto, la seduzione, la malignità, la nera ingratitudine
sono delitti più atroci, ma sono eglino nep-

pur minacciati? e chi dal delitto ha tratti
campi ed onore! — O legislatori, o giudici,
punite : ma prima aggiratevi meco ne' tugurj della plebe e ne' sobborghi di tutte le
capitali, e vedrete ogni giorno un quarto
della popolazione che svegliandosi su la
paglia non sa come soddisfare alle supreme
necessità della vita. Conosco che non si può
cangiare la società, e che l'inedia, le colpe,
e i supplizj sono anch' essi elementi dell'
ordine e della prosperità universale; però
si crede che il mondo non può sussistere
senza legislatori, e senza giudici; ed io lo
credo poichè tutti lo credono. Ma io? non
sarò nè legislatore nè giudice mai. In questa
gran valle dove l'umana specie nasce, vive,
muore, si riproduce, s'affanna, e poi torna
a morire senza saper come nè perchè, io
non distinguo che fortunati, e sfortunati.
E se incontro un infelice, compiango la
nostra sorte e verso quanto balsamo posso
su le piaghe dell'uomo : ma lascio i suoi
meriti e le sue colpe su la bilancia di Dio.

(192)

Tu sei disperatamente infelice; tu vivi fra
le agonie della morte e non hai la sua tranquillità : ma tu dei soffrirle per gli altri. —
Così la filosofia domanda agli uomini un
eroismo da cui la natura rifugge. Chi odia
la propria vita può amare il minimo bene
ch' egli è incerto di recare alla società, e
sacrificare a questa lusinga molti anni di
pianto? e come potrà sperare per gli altri
colui, che non ha desiderj nè speranze per
se, e che abbandonato da tutto, abbandona
se stesso? Non sei misero tu solo... — pur
troppo! ma questa consolazione non è anzi
argomento della invidia secreta che ogni
uomo cova dell' altrui prosperità? La miseria degli altri non iscema la mia. Chi è tanto
generoso da addossarsi le mie infermità, e
chi, anche volendo, il potrebbe? avrebbe
forse più coraggio da comportarle; ma cos' è
il coraggio voto di forza? Non è vile quell'
uomo che è travolto dal corso irresistibile
di una fiumana, bensì chi ha le forze e non
le adopra. Ora dov' è il sapiente che possa

costituirsi giudice delle nostre intime forze ?... chi può dare norma agli effetti delle
passioni nelle varie tempre degli uomini e
delle incalcolabili circostanze onde deci-
dere questi è un vile perchè soggiace, quegli
che sopporta è un eroe ?... mentre l'amore
della vita è così imperioso che più battaglie
avrà fatto il primo per non cedere, che il
secondo per sopportare.

Ma i debiti i quali tu hai verso la società?
— debiti ? forse perchè mi ha tratto dal
libero grembo della natura quand'io non
aveva nè la ragione, nè l'arbitrio di accon-
sentirvi, nè la forza di oppormivi, e mi
educò fra i suoi bisogni e fra i suoi pregiudizj ?—Lorenzo, perdona s'io calco troppo
su questo discorso tanto da noi disputato.
Nón voglio smoverti dalla tua opinione sì
avversa alla mia, ma bensì dileguare ogni
dubbio da me stesso. Saresti convinto al
pari di me se ti sentissi le piaghe del mio
cuore; il cielo, o mio amico, te le risparmi!
— Ho io contratto questi debiti spontanea-
mente? la mia vita deve pagare, come uno
schiavo, i mali che la società mi ha recato,
solo perchè gli intitola beneficj ? e sieno

9

beneficj : ne godo e li ricompenso fino che vivo : e se nel sepolcro non le sono io di vantaggio, qual bene ritraggo io da lei nel sepolcro? O mio amico! ciascun individuo è nemico nato della società perchè la società è necessaria nemica degli individui. Poni che tutti i mortali avessero bisogno di abbandonare la vita, credi tu che la sosterrebbero per me solo? e s' io commetto un' azione dannosa ai più, io sono punito, mentre non mi verrà fatto mai di vendicarmi delle loro azioni, quantunque ridondino in sommo mio danno. Possono ben essi pretendere ch' io sia figliuolo della grande famiglia, ma io rinunziando ed ai beni ed ai doveri comuni posso dire : io sono un mondo in me stesso; ed intendo d' emanciparmi perchè mi manca la felicità che mi avete promessa. Che s' io dividendomi non trovo la mia porzione di libertà; se gli uomini me l' hanno invasa perchè sono più forti, se mi puniscono perchè la ridomando... non gli sciolgo io dalle loro bugiarde promesse e dalle mie impotenti querele cercando scampo sotterra? Ah! que' filosofi che hanno evangelizzate le umane virtù, la

probità naturale, la reciproca benevolenza...
sono inavvedutamente apostoli degli astuti,
ed adescano quelle poche anime ingenue e
bollenti le quali amando schiettamente gli
uomini per l'ardore di essere riamate, saranno sempre vittime tardi pentite della
loro leale credulità. —

Eppur quante volte tutti questi argomenti
della ragione hanno trovata chiusa la porta
del mio cuore... perch' io sperava ancora di
consecrare i miei tormenti all' altrui felicità! Mal... per il nome d'Iddio ascolta e
rispondimi. A che vivo? di che pro ti son
io, io fuggitivo fra queste cavernose montagne? di che onore a me stesso, alla mia
patria, a' miei cari? V'ha egli diversità da
queste solitudini alla tomba? la mia morte
sarebbe per me la meta de' guai, e per voi
tutti la fine delle vostre ansietà sul mio stato.
Invece di tante ambasce continue io vi darei
un solo dolore... tremendo, ma ultimo : e
sareste certi della eterna mia pace. I mali
non ricomprano la vita.

E penso ogni giorno al dispendio di cui
da più mesi sono causa a mia madre, nè so
come ella possa far tanto. S'io tornassi tro-

verei forse la nostra casa vedova del suo
splendore. E incominciava già ad oscurarsi
molto pria ch'io partissi, per le pubbliche
e private estorsioni le quali non restano dì
percuoterci. Nè però quella madre benefica
cessa dalle sue cure; trovai dell'altro denaro
a Milano : ma queste affettuose liberalità le
scemeranno certamente quegli agj fra' quali
nacque. Pur troppo fu moglie mal avventu-
rata! le sue sostanze sostengono la mia casa
che rovinava per le prodigalità di mio padre.... e l'età di lei mi fa ancora più amari
questi pensieri. — Se sapesse! tutto è vano
per lo sfortunato suo figliuolo. E s'ella vedesse quì dentro... se vedesse le tenèbre e
la consunzione dell'anima mia!... deh!
non gliene parlare, o Lorenzo : ma vita è
questa? — Ah sì! io vivo ancora, e l'unico
spirito de' miei giorni è una sorda speranza
che li anima sempre, e che pure s'asconde
talora a me stesso. Il tuo giuramento, o
Teresa, proferirà ad un tempo la mia sentenza... ma fin che tu sei libera, e il nostro
amore è ancora nell'arbitrio delle circostanze.... dell' incerto avvenire.... e della
morte; tu sarai sempre mia. Io ti parlo, e ti

guardo, e ti abbraccio... e mi pare che così
da lontano tu senta l'impressione de' miei
bacj e delle mie lagrime. Ma quando tu sarai offerta da tuo padre come olocausto di
riconciliazione su l'altare di Dio... quando
il tuo pianto avrà ridata la pace alla tua famiglia... allora io scenderò nel nulla. E come
può spegnersi mentre vivo il mio amore, e
come non ti sedurranno sempre nel tuo secreto le sue dolci lusinghe? ma allora più
non saranno sante e innocenti. Io non amerò
quando sarà d'altri la donna che fu mia...
amo immensamente Teresa, ma non la moglie d'Odoardo... ohimè! tu forse mentre
scrivo sei fra le sue braccia! — Lorenzo!...
Ahi Lorenzo! eccolo quel demonio mio per-
secutore; torna a incalzarmi, a premermi,
ad investirmi, e m'accieca l'intelletto, e
mi ferma perfino le palpitazioni del cuore,
e mi fa tutto ferocia, e vorrebbe il mondo
finito con me... Piangete tutti!... E perchè
mi caccia nelle mani un pugnale, e mi pre-
cede, e si volge guardando se io lo sieguo,
e mi addita dov' io devo ferire? vieni tu
dall'altissima vendetta del cielo? — E così
nel mio furore e nelle mie superstizioni io

mi prostendo su la polvere a scongiurare
orrendamente un Dio che non conosco,
ch' io non offesi, di cui dubito sempre...
e poi tremo, e l'adoro. Dov' io cerco ajuto?
non in me, non negli uomini : la terra è in-
sanguinata, e il Sole è negro.

'Alfine... eccomi in pace! che pace? stanchezza, sopore di sepoltura. Ho vagato per
queste montagne. Non v'è albero, non tu-
gurio, non erba. Tutto è bronchi, aspri e
lividi macigni, e quà e là molte croci che
segnano il sito de' viandanti assassinati.

Giù... — il Roja, un torrente che quando
si disfanno i ghiaccj precipita dalle viscere
delle alpi, e per gran tratto ha spaccato in
due queste immense montagne. V'è un ponte
presso alla marina che ricongiunge il sentiero. Mi sono fermato su quel ponte e ho
spinto gli occhi sin dove può giungere la
vista... e percorrendo due argini di altissime
rupi, e di burroni cavernosi, appena si vedono imposte su le cervici dell'alpi altre
alpi di neve che s'immergono nel cielo e
tutto biancheggia e si confonde... — da
quelle spalancate alpi scende e passeggia

ondeggiando la tramontana e per quelle
fauci invade il mediterraneo. La natura
siede quì solitaria e minacciosa, e caccia da
questo suo regno tutti i viventi.

. I tuoi confini, o Italia, son questi; ma
sono tutto dì sormontati d'ogni parte dalla
pertinace avarizia delle nazioni. Ove sono
dunque i tuoi figlj? Nulla ti manca se non
la forza della concordia. Allora io spenderei
gloriosamente la mia vita infelice per te:
ma che può fare il solo mio braccio e la
nuda mia voce? — Ov'è l'antico terrore
della tua gloria? Miseri! noi andiamo ognor
memorando la libertà, e la gloria degli avi
le quali quanto più splendono tanto più sco-
prono la nostra abbietta schiavitù. Mentre
invochiamo quelle ombre magnanime, i
nostri nemici calpestano i loro sepolcri. E
verrà forse giorno che noi perdendo e le
sostanze, e l'intelletto, e la voce saremo
fatti simili agli schiavi domestici degli antichi, o trafficati come i miseri Negri, e ve-
dremo i nostri padroni schiudere le tombe
e diseppellire, e disperdere al vento le ceneri di que' Grandi per annientarne fino le
ignude memorie; poichè oggi i nostri fasti

ci sono cagione di superbia, ma non eccita-
mento dall'antico letargo.

Così io grido quando io mi sento insu-
perbire nel petto il nome italiano e rivolgendomi interno io cerco nè trovo più la mia
patria. Ma poscia io dico: pare che gli uomini
sieno i fabbri delle proprie sciagure, ma le
sciagure derivano dall'ordine universale, e
il genere umano serve orgogliosamente e
ciecamente ai destini. Noi ragioniamo sugli
eventi di pochi secoli : che sono eglino
nell'immenso spazio del tempo? Pari alle
stagioni della nostra vita mortale pajono
talvolta gravi di straordinarie vicende, le
quali pur sono comuni e necessarj effetti
del tutto. L'universo si controbilancia. Le
nazioni si divorano perchè una non potrebbe sussistere senza i cadaveri dell'altra.
Io guardando da queste alpi l'Italia piango
e fremo, e invoco contro gl'invasori vendetta; ma la mia voce si perde tra il fremito
di tanti popoli trapassati, quando i Romani
rapivano il mondo, cercavano oltre i mari
e i deserti nuovi imperi da devastare, ma-
nomettevano gl'Iddii de'vinti, incatenavano
principi e popoli liberissimi, finchè non

trovando più dove insanguinare i lor ferri, li ritorceano contro le proprie viscere. Così. gli Israeliti trucidavano i pacifici abitatori di Canaan, e i Babilonesi poi strascinarono nella schiavitù i sacerdoti, le madri, e i figliuoli del popolo di Giuda. Così Alessandro rovesciò l'impero di Babilonia, e dopo avere arsa passando tutta la terra, si crucciava che non vi fosse un altro universo. Così gli Spartani tre volte smantellarono Messene e tre volte cacciarono dalla Grecia i Messeni che pur Greci erano e della stessa religione e nipoti de' medesimi antenati. Così sbranavansi gli antichi Italiani finchè furono ingojati dalla fortuna di Roma. Ma in pochissimi secoli la regina del mondo divenne preda de' Cesari, de' Neroni, de' Costantini, de' Vandali, e dei Papi. Oh quanto fumo di umani roghi ingombrò il cielo dell'America, oh quanto sangue d'innumerabili popoli che nè timore nè invidia recavano agli Europei, fu dall'oceano portato a contaminare d'infamia le nostre spiagge! ma quel sangue sarà un dì vendicato e si rovescierà su i figlj degli Europei! Tutte le nazioni hanno le loro età. Oggi sono

tiranne per maturare la propria schiavitù
di domani : e quei che pagavano dianzi vilmente il tributo, lo imporranno un giorno
col ferro e col fuoco. Il mondo è una foresta
di belve. La fame, i diluvj, e la peste sono
nella natura come la sterilità di un campo
che prepara l'abbondanza per l'anno ve-
gnente : così forse le sciagure di questo
globo apprestano la felicità di un altro.

Frattanto noi chiamiamo pomposamente
virtù tutte quelle azioni che giovano alla
sicurezza di chi comanda, e alla paura di
chi serve. I governi impongono giustizia;
ma potrebbero eglino imporla se per regnare
non l'avessero prima violata? Chi ha diru-
bato per ambizione le intere provincie,
manda solennemente alle forche chi per
fame invola del pane. Onde quando la forza
ha rotti tutti gli altrui diritti, per serbarli
poscia a se stessa, inganna i mortali con le
apparenze del giusto fin che un'altra forza
non la distrugga. Eccoti il mondo, e gli
uomini. Sorgono frattanto d'ora in ora alcuni
più arditi mortali; prima derisi come fre-
netici, e sovente come malfattori decapitati;
che se poi vengono patrocinati dalla for-

tuna ch' essi credono lor propria, ma che in
somma non è che il moto prepotente delle
cose, allora sono obbediti e temuti, e dopo
morte deificati. Questa è la razza degli eroi,
de' capi-sette, e de' fondatori delle nazioni
i quali dal loro orgoglio e dalla stupidità
dei volghi si stimano saliti tant' alto per proprio valore; e sono cieche ruote dell' oriuolo.
Quando una rivoluzione del globo è matura,
necessariamente vi sono gli uomini che la
incominciano, e che fanno de' loro teschj
sgabello al trono di chi la compie. E perchè
l'umana schiatta non trova nè felicità nè
giustizia su la terra, crea gli Dei protettori
della debolezza e cerca premj futuri del
pianto presente. Ma gli Dei si vestirono in
tutti i secoli delle armi de' conquistatori, e
opprimono le genti con le passioni, i furori,
e le astuzie di chi vuole regnare.

Lorenzo, sai tu dove vive ancora la vera
virtù? in noi pochi deboli e sventurati; in
noi che dopo avere esperimentati tutti gli
errori, e sentiti tutti i mali della vita sap-
piamo compiangerli e soccorrerli. Tu, o
compassione, sei la sola virtù! tutte le altre
sono virtù usuraje.

Ma mentre io guardo dall'alto le follie e
le fatali sciagure della umanità, non mi
sento forse tutte le passioni, e la debolezza
ed il pianto, soli elementi dell'uomo? Non
sospiro ognor la mia patria? Non dico a me
lagrimando : tu hai una madre e un amico;
tu ami... te aspetta una schiera di miseri,
dove fuggi? Anche nelle terre straniere ti
seguiranno la perfidia degli uomini e i dolori e la morte: quì cadrai forse, e niuno
avrà compassione di te; e tu senti pure nel
tuo misero petto il bisogno di essere compianto. Abbandonato da tutti non chiedi
ajuto dal cielo? non t'ascolta; eppure nelle
tue afflizioni il tuo cuore torna involontario
a lui.

O Natura! hai tu forse bisogno di noi
sciagurati, e ci consideri come i vermi e
gl'insetti che vediamo brulicare e moltipli-
carsi senza sapere a che vivano? Ma se tu ci
hai dotati del funesto istinto della vita onde
il mortale non cada sotto la soma delle sue
infermità ed ubbidisca fatalmente a tutte le
tue leggi, perchè poi darci questo dono
ancor più funesto della ragione? Noi toc-
chiamo con mano tutte le nostre sciagure

ignorando sempre il modo di ristorarle.
Perchè dunque io fuggo ? e in quale lontane contrade io vado a perdermi ? dove mai
troverò gli uomini diversi dagli uomini ? Conosco i disastri, le infermità, e la indigenza
che fuori della mia patria mi aspettano ? —
Ah no ! Io tornerò a voi, o sacre terre, che
prime udiste i miei vagiti, dove tante volte
ho riposato queste mie membra affaticate,
dove ho trovato nella oscurità e nella pace
i miei pochi piaceri, dove nel dolore ho
confidati i miei pianti. Poichè tutto è vestito
di tristezza per me, se null'altro posso ancora sperare che il sonno eterno della morte...
voi sole, o mie selve, udirete il mio ultimo
lamento, e voi sole coprirete con le vostre
ombre pacifiche il mio freddo cadavere. Mi
piangeranno quegli infelici che sono compagni delle mie disgrazie ; e se le passioni
vivono dopo il sepolcro, il mio spirito doloroso sarà confortato dai sospiri di quella
celeste fanciulla ch'io credeva nata per me,
ma che i pregiudizj degli uomini e il mio
destino feroce mi hanno strappata dal petto.

Alessandria, 29 febbraro.

Da Nizza invece d'innoltrarmi in Francia ho preso la volta del Monferrato. Sta sera dormirò a Piacenza. Giovedì scriverò da Rimino. Ti dirò allora... addio.

~~~~~~~~~~~~~~

Rimino, 5 marzo.

Tutto mi si dilegua. Io veniva a rivedere ansiosamente il Bertola (1); da gran tempo io non aveva sue lettere... È morto.

Ore 11 della sera.

Lo seppi : Teresa è maritata. Tu taci per non darmi l'ultima ferita... ma l'infermo geme quando la morte il combatte, non quando lo ha vinto. Meglio così, da che tutto è deciso . ed ora anch'io sono tranquillo,

---

(1) Autore di poesie campestri. *L'Editore.*

perfettamente tranquillo. — Addio. Roma
mi sta sempre sul cuore.'

Dal frammento seguente che ha la data della
sera stessa, apparisce che Jacopo decretò in quel
dì di morire. Parecchi altri frammenti raccolti
come questo dalle sue carte pajono gli ultimi pensieri che lo raffermarono nel suo proponimento;
e però li andrò frammettendo secondo le loro
date.

« Ecco la meta : ho già tutto fermo da gran
» tempo nel cuore... il modo, il luogo — nè
» il giorno è lontano.

» Cos'è la vita per me? il tempo mi divorò
» i momenti felici : io non la conosco se non
» nel sentimento del dolore : ed ora anche
» l'illusione mi abbandona. Io medito sul
» passato, io m'affisso su i dì che verranno;
» e non veggo che pianto. Questi anni che
» appena giungono a segnare la mia giovi-
» nezza , come passarono lenti fra i timori,
» le speranze, i desiderj, gl'inganni, la noja!
» e s'io cerco la eredità che mi hanno la-
» sciato, non mi trovo che la rimembranza
» di pochi piaceri che non sono più, e un

» mare di sciagure che atterrano il mio co-
» raggio, perchè me ne fanno paventar di
» peggiori. Che se nella vita è il dolore, in
» che più sperare? nel nulla o in un' altra
» vita diversa sempre da questa. — Ho dun-
» que deliberato : io non odio disperata-
» mente me stesso; io non odio i viventi.
» Cerco da gran tempo la pace, e la ragione
» mi addita sempre la tomba. Quante volte
» immerso nella meditazione delle mie sven-
» ture io cominciava a disperare di me stesso!
» L'idea della morte dileguava la mia tri-
» stezza, ed io sorrideva per la speranza di
» non vivere più.

» Sono tranquillo, tranquillo impertur-
» babilmente. Le illusioni sono svanite; i
» desiderj son morti; le speranze e i timori
» hanno già liberato il mio cuore. Non più
» mille fantasmi ora giocondi ora tristi con-
» fondono e traviano la mia immaginazione:
» non più vani argomenti adulano la mia ra-
» gione; tutto è calma. — Pentimenti sul
» passato, noja del presente, e timor del fu-
» turo; ecco la vita. La sola morte, a cui è
» commesso il sacro cangiamento delle cose,
» mi offre pace. »

Da Ravenna non mi scrisse, ma da quest'altro squarcio si vede ch'egli vi andò in quella settimana.

« Non temerariamente, ma con animo con-
» sigliato e securo. Quante tempeste pria che
»'la morte potesse parlare così pacatamente
» con me... ed io così pacato con lei!
» Sull'urna tua, Padre Dante!... Abbrac-
» ciandola mi sono prefisso ancor più nel
» mio consiglio. M'hai tu veduto? m'hai tu
» forse, Padre, ispirato tanta fortezza di
» senno e di cuore, mentr'io genuflesso,
» con la testa apoggiata a' tuoi marmi medi-
» tava e l'alto animo tuo, e il tuo amore, e
» l'ingrata tua patria, e l'esilio, e la povertà,
» e la tua mente divina! E mi sono scompa-
» gnato dall'ombra tua più deliberato e più
» lieto. »

Su l'albeggiare de' 13 marzo smontò a' colli Euganei, e spedì a Venezia Michele gittandosi, stivalato com'era, subitamente a dormire. Io mi stava appunto con la madre di Jacopo quand'ella che prima di me si vide innanzi il ragazzo chiese spaventata: *E mio figlio?* — La lettera di Alessandria non era per anco arrivata, e Jacopo pre-

venne anche quella di Rimino : noi ci pensavamo
ch' ei si fosse già in Francia ; perciò l'inaspettato
ritorno del servo ci fu presentimento di fiere novelle. Ei narrava : « Il padrone è in campagna;
» non può scrivere perchè abbiamo viaggiato tutta
» notte; dormiva quand' io montava a cavallo.
» Vengo per avvertirvi che noi ripartiremo, e
» credo da quel che gli ho udito dire... per Ro-
» ma... se bene mi ricordo, per Roma : et poi per
» Ancona dove ci imbarcheremo... — per altro il
» padrone sta bene ; ed è quasi una settimana
» ch' io lo vedo più sollevato. Mi disse che prima
» di partire verrà a salutarvi, e questa è la ragione
» per cui mi manda; anzi verrà qùi domani l'altro,
» e forse domani. » Il servo parea lieto, ma il suo
dire confuso accrebbe i nostri sospetti; nè si ac-
quetarono se non il giorno dietro quando Jacopo
scrisse, che ripartiva per l'Isole già Venete, e che
temendo di non ritornare forse più, veniva a rive-
derci e a ricevere la benedizione di sua madre.—
Questo biglietto andò smarrito.

Frattanto il giorno del suo arrivo svegliatosi
quattr' ore prima di sera, scese a passeggiare sino
presso alla chiesa, tornò, si rivestì, ed andò a
casa T***. Seppe da un famigliare che da sei giorni
erano tutti venuti da Padova, e che a momenti
sarebbero tornati dal passeggio. Era quasi sera,
e partì. Dopo alcuni passi scorse da lontano Te-

resa che veniva con l' Isabellina per mano : dietro
era il signore T*** con Odoardo. Jacopo fu preso
da un tremito, e s'accostava vacillando. Teresa
appena il conobbe gridò : *Eterno Iddio !* e dando
indietro mezza tramortita si sostenne sul braccio
del padre. Com' ei fu presso, e che venne ravvisato da tutti, ella non gli disse più parola : appena il signore T*** gli stese la mano, ed Odoardo
lo salutò freddamente. Sola l' Isabellina gli corse
addosso , e mentre ei se la prendea su le braccia,
ella lo baciava, e lo chiamava il suo Jacopo, e si
volgeva a Teresa, ed egli accompagnandoli parlava sempre con la ragazza : niuno aprì bocca :
Odoardo soltanto gli chiese se andava a Venezia..
Fra pochi giorni, rispose. Giunti alla porta, si
accomiatò.

Michele che a nessun patto accettò di riposarsi
in Venezia per non lasciare solo il padrone, ritornò a' colli un' ora incirca dopo mezzanotte, e
lo trovò seduto allo scrittojo ripassando le sue
carte. Moltissime nè bruciò, parecchie di minor
conto le gettò stracciate sotto il tavolino. Il ragazzo si coricò , lasciando l' ortolano perchè ei
badasse ; tanto più che Jacopo non avea in tutto
quel dì desinato. In fatti poco di poi gli fu recata
parte del suo desinare, ed ei ne mangiò atten-
dendo sempre alle carte. Non le rivide tutte, ma
passeggiò per la stanza, poi prese a leggere. L'or-

tolano che lo vedeva mi disse che sul finir della
notte aprì le finestre, e vi si fermò un pezzo:
pare che subito dopo abbia scritto i due tratti che
sieguono; sono in diverse pagine, ma in un medesimo foglio.

« Or via : costanza. — Eccoti una bragera
» scintillante d'infiammati carboni. Ponvi
» dentro la mano; brucia le vive tue carni:
» bada... non t'avvilire con un gemito. A
» qual pro?—Ed a qual pro deggio affettare
» un eroismo che non mi giova? »

« È notte : alta, perfetta notte. A che veglio
» immoto su questi libri! — Io non appresi
» che la scienza di ostentare saviezza quando
» le passioni non tiranneggiano l'anima. I
» precetti sono come la medicina, inutile
» quando l'infermità vince tutte le resistenze
» della natura.
» Alcuni sapienti si vantano d'avere do-
» mate le passioni che non hanno mai com-
» battuto : l'origine è questa della loro bal-
» danza.—Amabile stella dell'alba! tu fiam-
» meggi sull'oriente, e mandi su questi oc-
» chi il tuo raggio.., ultimo! Chi l'avria detto

» sei mesi addietro quando tu comparivi
» prima degli altri pianeti a rallegrare la
» notte, e ad accogliere i nostri saluti?
  » Spuntasse almeno l'aurora! —Forse Te-
» resa si ricorda in questo momento di me....
» pensiero consolatore! Oh come la beatitu-
» dine d'essere amato raddolcisce qualun-
» que dolore!
  » Ahi notturno delirio! va... tu cominci a
» sedurmi : passò stagione : ho disingannato
» me stesso ; un partito solo mi resta. »

La mattina mandò per una Bibbia ad Odoardo
il quale non l'aveva : mandò al Parroco, e quando
gli fu recata , si chiuse. A mezzodì suonato uscì a
spedire la seguente lettera , e tornò a chiudersi.

                                    14 marzo.

  Lorenzo... un secreto : da più mesi mi sta
confitto nel cuore : ma l'ora della partenza
sta per suonare ; ed è tempo ch'io lo de-
ponga nel tuo petto.
  Questo amico tuo... ha sempre davanti un
cadavere. — Ho fatto quanto io doveva ;
quella famiglia è da quel giorno men povera... ma il padre loro rivive più?

In un di que' giorni del mio forsennato
dolore, sono omai dieci mesi, io cavalcando
m'allontanai più miglia. Era la sera ; io vedeva sorgere un tempo nero, e tornando
affrettavami : il cavallo divorava la via, e
nondimeno i miei sproni lo insanguinavano,
e gli abbandonai tutte le briglie sul collo,
invocando quasi ch' ei rovinasse e si sep-
pellisse con me. Entrando in un viale tutto
alberi, stretto, lunghissimo, vidi una persona... ripresi le briglie, ma il cavallo più
s' irritava e più impetuosamente lanciavasi.
Tienti a sinistra, gridai, *a sinistra!* Quell' infelice m'intese ; corse a sinistra, ma sen-
tendo più imminente lo scalpito, e in quello
stretto sentiero credendosi addosso il cavallo, ritornava sgomentato a diritta, e fu
investito, rovesciato, e le zampe gli frantu-
marono le cervella. In quel tremendo urto
il cavallo stramazzò, balzandomi di sella
più passi... Perchè rimasi vivo ed illeso ? —
Corsi ove intendeva un lamento di moribondo... quell' uomo agonizzava boccone in
una palude di sangue : lo scossi : non aveva
nè voce nè sentimento; dopo minuti spirò.
Tornai a casa. Quella notte fu anche bur-

rasoosa per tutta la natura; la grandine de-
solò le campagne; le folgori arsero molti
alberi; e il turbine fracassò la cappella di un
crocefisso; ed io uscii a perdermi tutta notte
per le montagne con le vesti e l' anima in-
sanguinata, cercando in quello sterminio la
pena della mia colpa. Che notte! Credi tu
che quel terribile spettro mi abbia perdo-
nato mai ?

Il giorno dopo.... — assai se ne parlò : si
trovò il morto in quel viale, mezzo miglio
più lontano, sotto un mucchio di sassi fra
due castagni schiantati che attraversano il
cammino; la pioggia che sino all'alba cascò
dalle alture a torrenti ve lo strascinò con
que'sassi; avea le membra e la faccia a brani;
e fu conosciuto per le strida della moglie
che lo cercava. Nessuno fu imputato. Ma mi
accusavano le benedizioni di quella vedova
perchè ho subitamente collocata la sua figlia
col nipote del Gastaldo, ed assegnato un pa-
trimonio al figliuolo che si volle far prete.
E jer sera vennero a ringraziarmi di nuovo
dicendomi, ch' io gli ho liberati dalla miseria in cui da tanti anni languiva la famiglia
di quel povero lavoratore. — Ah! vi sono

pure tant' altri miseri come voi... ma hanne
un marito ed un padre che li consola con
l'amor suo, e che essi non cangierebbero
per tutte le ricchezze della terra... e voi!

Così gli uomini devono struggersi scambievolmente!

. Fuggono da quel viale tutti i villani, e
tornando dai lavori, per iscansarlo, passano
per le praterie. Si dice che le notti vi si sen-
tono spiriti; che l'uccello del mal-augurio
siede fra quelle arbori e dopo la mezzanotte
urla tre volte, che qualche sera si è veduta
passare una persona morta... — nè io ardisco disingannarli, nè ridere di tali prestigj.
Ma tu svelerai tutto dopo la mia morte. Il
viaggio è rischioso, la mia salute incerta;
non posso allontanarmi con questo rimorso
sepolto. Que' due figliuoli in ogni loro disgrazia e quella vedova sieno sacri nella mia
casa. Addio.

Per entro la Bibbia si trovarono, assai giorni
dopo, le traduzioni zeppe di cassature e quasi non
leggibili di alcuni versi del libro di Job, del secondo capo dell' Ecclesiaste , e di tutto il cantico
di Ezechia. —

Alle quattro dopo il mezzodì si trovò a casa
T***. Aveano finito di desinare ; e Teresa era già
discesa sola in giardino. Il padre di lei lo accolse
affabilmente. Odoardo si fe' a leggere presso a un
balcone, e dopo non molto posò il libro : ne aprì
un altro, e leggendo s'avviò alle sue stanze. Allora
Jacopo prese il primo libro così come fu lasciato
aperto da Odoardo ; era il IV volume delle trage-
die dell' Alfieri : ne scorse alcune pagine ; poi
lesse forte :

Chi sete voi ?... Chi d'aura aperta e pura
Qui favellò ?... Questa ? è caligin densa ;
Tenebre sono ; ombra di morte... Oh mira ;
Più mi t'accosta ; il vedi ? il Sol d'intorno
Cinto ha di sangue ghirlanda funesta...
Odi tu canto di sinistri augelli ?
Lugubre un pianto sull' aere si spande
Che me percuote, e a lagrimar mi sforza...
Ma che ? Voi pur, voi pur piangete ?...

Il padre di Teresa guardandolo gli diceva : *O
mio figlio!* Jacopo seguitò a leggere sommessamente : aprì a caso quello stesso volume e tosto
posandolo esclamò :

. . . . . Non diedi a voi per anco
Del mio coraggio prova : ei pur fia pari
Al dolor mio.

10

A questi versi Odoardo tornava, e gli udì proferire così efficacemente che si ristette su la porta
pensoso. Mi narrava poi il signore T*** che gli
parve in quel momento di leggere la morte sul
volto del nostro amico infelice, e che in que' giorni
tutte le parole di lui inspiravano riverenza e pietà.
Favellarono poi del suo viaggio; e quando Odoardo
gli chiese se starebbe di molto a tornare; *Sì*, rispose, *sono certo che non ci rivedremo più.*

Ridottosi a casa su l'imbrunire, desinò; nè
comparve fuori di stanza che la mattina seguente
assai tardi. Porrò quì alcuni frammenti ch'io credo
di quella notte, quantunque io non sappia asse-
gnare veramente l'ora in cui furono scritti.

« VILTÀ? — e tu che gridi viltà non se'
» un di quegl'infiniti mortali che infingardi
» guardano le loro catene, e non osano pian-
» gere, e baciano la mano che li flagella?
» Che è mai l'uomo? il coraggio fu sempre
» dominatore dell'universo perchè tutto è
» debolezza e paura.

» Tu m'imputi di viltà, e ti vendi intanto
» l'anima e l'onore.

» Vieni... miramì agonizzare boccheg-
» giando nel mio sangue: non tremi tu? or
» chi è il vile? ma trammi questo coltello

» dal petto; — impugnalo; e dì a te-stesso :
» *Dovrò vivere eterno ?* Dolore sommo forte,
» ma breve e generoso ... Chi sa ! la fortuna
» ti prepara una morte più dolorosa e più
» infame. Confessa. Or che tu tieni quell' ar-
» ma appuntata deliberatamente soprà il tuo
» cuore, non ti senti forse capace di ogni
» alta impresa, e non ti vedi libero padrone
» de' tuoi tiranni ?..»

« Io cotemplo la campagna : guarda che
» notte serena e pacifica ! Ecco la luna che
» sorge dietro la montagna. O luna ! amica
» luna! Mandi ora tu forse su la faccia di
» Teresa un patetico raggio simile a quello
» che tu diffondi nell' anima mia ? Ti ho
» sempre salutata mentre apparivi a conso-
» lare la muta solitudine della terra : sovente
» uscendo dalla casa di Teresa ho parlato
» con te, e tu fosti il testimonio de' miei
» delirj : questi occhi molli di lagrime ti
» hanno sovente accompagnata in seno alle
» nubi che ti ascondevano : ti hanno cercata
» nelle notti cieche della tua luce. Tu risor-
» gerai, tu risorgerai sempre più bella; ma
» l'amico tuo cadrà deforme e abbandonato

» cadavere senza risorgere più. Io ti prego
» di un ultimo beneficio: quando Teresa mi
» cerçherà frà i cipressi e i pini del monte,
» illumina co' tuoi raggi la mia sepoltura ».

« Bell'alba !... è pur gran tempo ch'io
» non m'alzo da un sonno così riposato, e
» ch'io non ti vedo, o mattino, così rilu-
» cente ! — ma gli occhi miei erano sempre
» nel pianto ; e tutti i miei sentimenti nella
» oscurità ; e l'anima mia nuotava nel do-
» lore.
» Splendi su splendi, o Natura, e ricon-
» forta le cure de'mortali... tu non risplen-
» derai più per me. Ho già sentita tutta la
» tua bellezza, e t'ho adorata, e mi sono
» alimentato della tua gioja... e finchè io ti
» vedeva bella e benefica tu mi dicevi con
» una voce divina : vivi. — Ma ... nella mia
» disperazione ti ho poi veduta con le mani
» grondanti di sangue ; la fragranza de' tuoi
» fiori mi fu pregna di veleno, amari i tuoi
» frutti... e mi apparivi divoratrice de' tuoi
» figli, adescandoli con la tua bellezza e con
» i tuoi doni al dolore.
» Sarò io dunque ingrato con te ? pro-

» trarrò la vita per vederti sì terribile, e be-
» stemmiarti?... No, no. Trasformandoti,
» e acciecandomi alla tua luce non mi ab-
» bandoni tu stessa, e non mi comandi ad
» un tempo di abbandonarti? — Ah! ora ti
» guardo e sospiro... ma io ti vagheggio
» ancora per la rimembranza delle passate
» dolcezze, per la certezza ch'io non dovrò
» più temerti, e perchè sto per perderti...
» Nè io credo di ribellarmi da te fuggendo
» la vita. La vita e la morte sono del pari tue
» leggi; anzi una strada concedi al nascere,
» mille al morire. Se non ci imputi la infer-
» mità che ne uccide, vorrai forse impu-
» tarne le passioni che hanno gli stessi
» effetti e la stessa sorgente perchè derivano
» da te, nè potrebbero opprimerci se da te
» non avessero ricevuta la forza? Nè tu hai
» prefisso una età certa per tutti. Gli uomini
» denno nascere, vivere, morire: ecco le tue
» leggi: che rileva il tempo e il modo?
» Nulla io ti sottraggo di ciò che mi hai
» dato. Il mio corpo, questa infinitesima
» parte, ti starà sempre congiunta sotto al-
» tre forme. Il mio spirito... se morrà con
» me, si modificherà con me nella massa

» immensa delle cose : e s' egli è immor-
» tale !... la sua essenza rimarrà illesa. —
» Oh ! a che più lusingo la mia ragione ?
» Non odo la solenne voce della natura ?
» Io ti feci nascere perchè anelando alla tua
» felicità cospirassi alla felicità universale,
» e quindi per istinto ti diedi l' amor della
» vita , e l' orror della morte. Ma se la piena
» del dolore vince l' istinto , non devi forse
» giovarti delle vie che ti schiudo per fuggir
» da' tuoi mali ? Quale riconoscenza più
» t' obbliga meco se la vita ch' io ti diedi
» per beneficio, ti si è convertita in un peso?»
   « Che arroganza ! credermi necessario !
» — i miei anni sono nello incircoscritto
» spazio del tempo un attimo impercetti-
» bile. Ecco fiumi di sangue che portano tra
» i fumanti lor flutti recenti mucchj d'u-
» mani cadaveri : e sono questi milioni
» d' uomini sacrificati a mille pertiche di
» terreno , e a mezzo secolo di fama che due
» conquistatori si contrastano con la vita de'
» popoli. E temerò di consecrare a me stesso
» que' dì pochi e dolenti che mi saranno
» forse rapiti dalle persecuzioni degli uomi-
» ni, o contaminati dalle colpe ? »

Cercai quasi con religione tutti i vestigj dell'
amico mio nelle sue ore supreme , e con pari religione io scrivo quelle cose che ho potuto sapere :
però non ti dico , o Lettore , se non ciò ch'io
vidi , o ciò che mi fu , da chi il vide , narrato. —
Per quanto io m'abbia indagato , non seppi che
abbia egli fatto ne' dì 16., 17 , e 18 marzo. Fu
più volte a casa T*** ma non vi si fermò mai.
Usciva tutti que' giorni quasi prima del sole ,
e si ritirava assai tardi : cenava senza dire parola ; e Michele mi accerta , che avea notti assai
riposate.

La lettera che siegue non ha data , ma fu scritta
il giorno 19.

Parmi ? o Teresa mi sfugge... ella stessa
mi sfugge ? Tutti... — e le sta sempre al
fianco Odoardo. Vorrei vederla solo una
volta ; e sappi ch'io sarei già partito... tu
pure m'affretti ognor più !... ma sarei partito se avessi potuto lasciarle le ultime lagrime. Gran silenzio in tutta quella famiglia ! Salendo le scale temo d'incontrare
Odoardo... parlandomi , non mi nomina
mai Teresa. Ed è pur poco discreto, sempre,
anche poc' anzi , m'interroga quando e
come partirò. Mi sono arretrato improvvi-

samente da lui perchè... davvero mi parea
ch'ei sogghignasse; e l'ho fuggito fremendo.

Torna a spaventarmi quella terribile verità ch'io già svelava con raccapriccio... e
che mi sono poscia assuefatto a meditare
con rassegnazione : *Tutti siamo nemici*. Se tu
potessi fare il processo de' pensieri di chiunque ti si para davanti, vedresti ch'ei ruota
a cerchio una spada per allontanare tutti
dal proprio bene, e per rapire l'altrui. —
Mio Lorenzo; comincio a vacillar nuovamente. Ma conviene disporsi... e lasciarli
in pace.

P. S. Torno da quella donna decrepita di
cui parmi, d'averti narrato una volta. La
disgraziata vive ancora ! sola, abbandonata,
spesso gl'interi giorni, da tutti che si stancano di ajutarla, vive ancora; ma tutti i suoi
sensi sono da più mesi nell'orrore e nella
battaglia della morte.

Questi due ultimi frammenti sembrano di quella
notte.

«·Strappiamo la maschera a questa·larva
» che vuole atterrirci — Ho veduto i fan-

» ciulli raccapricciare e nascondersi all'
» aspetto travisato della loro nutrice. O
» morte! io ti guardo e t'interrogo... non le
» cose ma le loro apparenze ci turbano : in-
» finiti uomini che non osano chiamarti ti
» affrontano nondimeno intrepidamente !
» Tu pure sei necessario elemento della na-
» tura... per me già tutto l'orror tuo si
» dilegua, e mi rassembri simile al sonno
» della sera, quiete dell'opre.

 » Ecco le spalle di quella sterile rupe che
» fraudano le sottoposte valli del raggio fe-
» condatore dell' anno. — A che mi sto ?
» S' io devo cooperare all'altrui felicità, io
» invece la turbo : s'io devo consumare la
» parte di calamità assegnata ad ogni uomo,
» io già in ventiquattro anni ho votato il
» calice che avria potuto bastarmi per una
» lunghissima vita. E la speranza? — che
» monta? conosco io forse l'avvenire per
» fidargli i miei giorni ? Ahi ! che appunto
» questa fatale ignoranza accarezza le nostre
» passioni, ed alimenta l'umana infelicità. ·

 » Il tempo vola ; e col tempo ho perduto
» nel dolore quella parte di vita che due
» mesi addietro lusingavasi di conforto.

» Questa piaga invecchiata è omai divenuta
» natura : io la sento nel mio cuore, nel mio
» cervello, in tutto me stesso; gronda san-
» gue, e sospira come se fosse aperta di
» fresco. — Or basta, Teresa, basta : non ti
» par di vedere in me un infermo strasci-
» nato a lenti passi alla tomba fra la dispe-
» razione e i tormenti, e non sa prevenire
» con un sol colpo gli strazj del suo destino
» inevitabile ? »

» Tento la punta di questo pugnale : io
» lo stringo, e sorrido : quì; in mezzo a
» questo cuor palpitante... e sarà tutto com-
» piuto. Ma questo ferro mi sta sempre da-
» vanti : — chi chi osa amarti, o Teresa ?
» chi osò rapirti ?

» O ! mi vado stropicciando le mani per
» lavare la macchia dell' omicidio... le fiuto
» come se fumassero di delitto. Frattanto
» eccole immacolate, e in tempo di toglier-
» mi in un tratto dal pericolo di vivere
» un giorno di più... un giorno solo; un
» momento... sciagurato ! avresti vissuto
» troppo. »

20 marzo, a sera.

Io era forte : ma questo fu l'ultimo colpo
che ha quasi prostrata la mia fermezza! nondimeno quello ch'è decretato è decretato,
Ma tu, mio Dio, che miri nel profondo, tu
vedi che questo è sacrificio di sangue.

Ella era, o Lorenzo, con la sua sorellina;
e parea che volesse sfuggirmi; ma poi s'assise, e l'Isabellina tutta compunta se le posò
su le ginocchia. Teresa... le diss'io acco-
standomi e prendendole la mano : ella mi
guardò : quella innocente gettando il suo
braccio sul collo di Teresa, e alzando il viso
le parlava sottovoce... Jacopo non mi ama
più : io l'intesi : S'io t'amo ? e abbassando-
mi e abbracciandola; t'amo, io le diceva,
t'amo teneramente; ma tu non mi vedrai
più. O mio fratello! Teresa mi riguardò lagrimando, e stringeva l'Isabellina, e rivol-
gea gli occhi verso di me... Tu ci lascierai,
mi disse, e questa fanciulletta sarà compagna de' miei giorni, e sollievo de' miei dolori : io le parlerò sempre del suo amico...
e le insegnerò a piangerti e a benedirti...

— e a queste ultime parole le lagrime
le pioveano dagli occhi ; ed io ti scrivo
con le mani calde ancor del suo pianto.
Addio , soggiunse , addio eternamente ;
eccoti adempiuta la mia promessa — e si
trasse dal seno il suo ritratto — eccoti
adempiuta la mia promessa; addio per sempre ; va, fuggi, e porta con te la memoria
di questa sfortunata ... è bagnato delle
mie lagrime e delle lagrime di mia madre.
— E con le sue mani lo appendeva al mio
collo, e lo nascondeva nel mio petto... io
stesi le braccia, e me la strinsi sul cuore, e
i suoi sospiri confortavano le arse mie labbra , e già la mia bocca... — Un pallore di
morte si sparse su la sua faccia e, mentre
mi respingeva, io toccandole la mano la
sentii fredda, tremante, e con voce suffo-
cata e languente mi disse... Abbi pietà !
addio; e si abbandonò sul sofà stringendosi
presso quanto potea l'Isabellina che piangeva con noi. — Entrava suo padre, e il
nostro misero stato avvelenò forse i suoi
rimorsi.

Ritornò quella sera tanto costernato che Michele stesso sospettò qualche fiero accidente. Ripigliò l' esame delle sue carte e le faceva ardere senza leggerle. Innanzi alla rivoluzione avea scritto un commentario intorno al governo Veneto in uno stile antiquato, assoluto, con quel motto di Lucano per epigrafe : *Jusque datum sceleri*. Una sera dell' anno addietro lesse a Teresa la storia di Lauretta ; e Teresa mi disse poi, che quei pensieri scuciti ch' ei m' inviò con la lettera de' 29 aprile non n' erano il cominciamento, ma bensì tutti sparsi dentro quell' operetta ch' egli aveva finita. Non perdonò nè a questi nè a verun altro suo scritto. Leggeva pochissimi libri, pensava molto, dal bollente tumulto del mondo fuggiva a un tratto nella solitudine, e quindi avea necessità di scrivere. Ma a me non resta se non un suo Plutarco zeppo di postille con varj quinterni frammessi ove sono alcuni discorsi ed uno assai lungo su la morte di Nicia : ed un Tacito Bodoniano, con molti squarci, e fra gli altri l' intero libro secondo degli annali e gran parte del secondo delle storie, da lui con sommo studio tradotti, e con carattere minutissimo pazientemente ricopiati ne' margini. Que' frammenti qui inseriti gli ho scelti dalle molte carte stracciate, ch' egli avea come di poco momento gittate sotto il suo tavolino.

Alle ore 11 congedò l' ortolano e Michele. Pare

che abbia vegljato tutta notte, poichè allora scrisse
la lettera precedente e sull' alba andò vestito a ris-
vegliare il ragazzo commettendogli di cercare un
messo per Venezia. Poi si sdrajò sul letto , ma per
poco : dopo le otto della mattina fu incontrato
da un contadino su la strada di Arquà.

A mezzodì entrò Michele avvertendolo che il
messo era pronto , e lo 'trovò seduto immobil-
mente e come sepolto in tristissime cure : si fe'
presso al tavolino e scrisse in piedi sotto la stessa
lettera.

Le mie labbra sono arse; il petto suffo-
cato ; un' amarezza ... uno stringimento ...
— potessi almen sospirare !

Davvero; un gruppo dentro le fauci, e
una mano che mi preme e mi affanna il
cuore.

Lorenzo, ma che posso dirti ? sono uomo...

Mio Dio, mio Dio, concedimi il refrigerio del pianto.

Sigillò questo foglio e lo consegnò senza so-
prascritta. S' assise , e incrociate le braccia su lo
scrittojo vi posò la fronte : più volte il servo gli
chiese se abbisognava d' altro ; ei senza rivolgersi
gli fe' cenno con la testa , che no. Quel giorno incominciò la seguente lettera per Teresa.

Mercoledì, ore 5.

RASSEGNATI ai voleri del cielo, e cerca la
tua felicità nella pace domestica, e nella
concordia con quello sposo che la sorte ti
ha destinato. Tu hai un padre generoso e
infelice; tu dei riunirlo a tua madre la quale
solitaria e piangente forse chiama te sola :
tu devi la tua vita alla tua fama. Io solo... io
solo morendo troverò pace, e la lascerò alla
tua famiglia : ma tu povera sfortunata...

Quanti giorni sono ch'io prendo a scriverti e non posso continuare ! O sommo
Iddio! vedo che tu non mi abbandoni nell'
ora suprema; e questa costanza è il maggiore
de' tuoi beneficj. Io morirò quando avrò
ricevuta la benedizione di mia madre, e gli
ultimi abbracciamenti dal mio solo amico.
Da lui tuo padre avrà le tue lettere, e tu
pure gli darai le mie : saranno testimonio
della tua virtù, e della santità del nostro
amore. No, mia Terèsa; non sei tu cagione
della mia morte. Tutte le mie passioni disperate, le disavventure delle persone più
care al mio cuore, gli umani delitti, la sicu-

rezza della mia perpetua schiavitù, e dell'
obbrobrio perpetuo della mia patria venduta... tutto insomma da gran tempo era
scritto; e tu, donna celeste, potevi soltanto
raddolcire il mio destino; ma placarlo, oh!
non mai. Ho veduto in te sola il ristoro di
tutti i miei mali; ed osai lusingarmi; e poichè per una irresistibile forza tu mi hai
amato, il mio cuore ti ha creduta tutta sua;
tu mi hai amato, e tu m'ami... ed ora che ti
perdo io chiamo in ajuto la morte. Prega
tuo padre di non dimenticarsi di me; non
per affliggersi, ma per mitigare con la sua
compassione il tuo dolore, e per ricordarsi
sempre ch'egli ha un'altra figlia...

Ma tu no, sola amica di questo sfortunato,
tu non avrai cuore di obbliarmi. Rileggi sempre queste mie ultime parole ch'io posso
dire di scriverti col sangue del mio cuore.
La mia memoria ti preserverà forse dalle
sciagure del vizio. La tua bellezza, la tua
gioventù, e lo splendore della tua fortuna
saranno sprone e per gli altri e per te, onde
contaminare quella innocenza alla quale tu
hai sacrificato la tua prima e più cara passione... e che pure ne' tuoi martirj fu sempre

il tuo solo conforto. Tutto ciò che v'è di
lusinghiero nel mondo congiurerà a perderti, a rapirti la stima di te stessa, a con-
fonderti fra la schiera di tant' altre donne
le quali dopo avere abbandonato il pudore,
fanno traffico dell' amore e dell' amicizia,
ed ostentano come trionfi le vittime della
loro perfidia... Tu no mia Teresa... la tua
virtù risplende nel tuo viso celeste, ed io
l' ho rispettata... e tu sai ch'io t'ho amato
adorandoti come cosa sacra. — O divina immagine dell' amica mia! o ultimo dono pre-
zioso ch'io contemplo, e che m'infonde più
vigore, e mi narra tutta la storia de' nostri
amori! Tu stavi facendo questo ritratto il
primo dì ch'io ti vidi : ripassano ad uno ad
uno dinanzi a me tutti que' giorni che furono i più affannosi e i più cari della mia
vita. E tu l'hai consecrato questo ritratto
attaccandolo bagnato del tuo pianto al mio
petto... e così attaccato al mio petto verrà
con me nel sepolcro. Ti ricordi, o Teresa, le
lagrime con cui lo raccolsi?... oh! io torno
a versarle, e sollevano la trista mia anima.
Che se alcuna vita resta dopo l'ultimo spirito, io la sacrerò sempre a te sola, e l'amor

mio vivrà immortale con me. — Ascolta intanto una estrema, unica, sacrosanta racco-
mandazione : io te ne scongiuro per il nostro
amore infelice, per le lagrime che abbiamo
sparse, per la tenerezza che tu senti per i
tuoi genitori, per i quali ti sei immolata
vittima volontaria... non lasciare senza consolazione la mia povera madre ; fors' ella
verrà a piangermi teco in questa solitudine
dove cercherà riparo dalle tempeste della
vita. Tu sola sei degna di compiangerla e di
consolarla. Chi le resta più se tu l' abbandoni ? Nel suo dolore, in tutte le sue sventure, nelle infermità della sua vecchiaja
ricordati sempre ch' ella è mia madre.

Dopo la mezzanotte partì per le poste da' colli
Euganei, ed arrivato su la marina alle 8 del giorno
seguente, si fe' traghettare da una gondola a Venezia sino alla sua casa. Quand' io vi giunsi lo
trovai addormentato sopra un sofà e di un sonno
tranquillo. Come fu desto mi pregò perchè io spic-
ciassi alcune sue faccende, e saldassi un suo vecchio debito a certo librajo : « Non posso, mi diss'
» egli, fermarmi qui che tutt' oggi. » Benchè fossero quasi due anni ch' io nol vedeva, la sua fisonomia non mi parve tanto alterata quant' io m' as-

pettava ; ma poi m'accorsi ch' egli andava lento e
come strascinandosi ; la sua voce, un tempo pronta
e maschia, usciva a fatica, e dal petto profondo.
Sforzavasi nondimeno di parlare, e rispondendo a
sua madre intorno al suo viaggio spesso sorridea
di un mesto sorriso tutto suo : ma aveva un' aria
riservata, insolita in lui. Avendogli io detto che
certi suoi amici sarebbero venuti quel dì a salu-
tarlo, rispose, che non vorrebbe rivedere persona
del mondo, anzi scese egli stesso ad avvertire alla
porta perchè si dicesse ch' ei non era tornato. E
rientrando, soggiunse : « Spesso ho pensato di non
» dare nè a te nè a mia madre tanto dolore ; ma
» io aveva bisogno di rivedervi... e questo, credi-
» mi, è l' esperimento più forte del mio coraggio. »
  Poche ore prima di sera egli si alzò, come per
partire, ma non gli soffriva il cuore di dirlo. Sua
madre gli si accostò : « Hai dunque risoluto, mio
» caro figliuolo ? »
  « Sì, sì ; » abbracciandola e frenando a stento
le lagrime.
  « Chi sa se potrò più rivederti? io sono omai
» vecchia e stanca. » —
  « Ci rivedremo, forse.... mia cara madre, con-
» solatevi, ci rivedremo... per non lasciarci mai
» più : ma adesso... adesso : — ne può far fede Lo-
» renzo. »
  Ella si volse impaurita verso di me, ed io

« Pur troppo ! » le dissi. E le narrai le persecuzioni
che tornavano a incrudelire per la guerra imminente, ed il pericolo che sovrastava a me pure,
massime dopo quelle lettere che ci furono intercette : (nè erano falsi i miei sospetti perchè dopo
pochi mesi fui costretto ad abbandonare la patria).
Ed ella allora esclamò ; « Vivi mio figliuolo , ben-
» chè lontano da me.Dopo la morte di tuo padre non
» ho più avuta un' ora di bene : sperava di passar
» teco la mia vecchiezza !... ma sia fatta la volontà
» del Signore. Vivi! io scelgo di piangere senza di te
» piuttosto che vederti... imprigionato... morto. »
I singhiozzi le soffocavano la parola.

Jacopo le strinse la mano e la guardava come
se volesse affidarle un secreto; ma ben tosto si
ricompose, e le chiese la sua benedizione.

Ed ella alzando le mani al cielo : « Ti benedico...
» ti benedico ; e piaccia anche all' Onnipotente di
» benedirti. »

Avvicinatisi alla scala s' abbracciarono. Quella
donna sconsolata appoggiò la testa sul petto del
suo figliuolo.

Scesero, io li seguiva : la madre lo benedisse
di nuovo , ed ei le ribaciò la mano , e la baciò in
volto.

Io stava piangente : dopo avermi baciato mi
promise di scrivermi e mi lasciò dicendomi : « Sov-
» vengati sempre della nostra amicizia. » Poi rivol-

tosi alla madre la guardò un pezzo senza far
motto e partì. Giunto in fondo alla strada si rivolse, e ci salutò con la mano, e ci mirò mesta-
mente, come se volesse dirci che quello era l'ultimo sguardo.

· La povera madre si fermò su la porta quasi
sperando ch'egli tornasse a risalutarla. Ma volgendo gli occhi lagrimosi dal luogo dond'ei se
l'era dileguato, s'appoggiò al mio braceio e
risalì dicendomi : « Caro Lorenzo, mi dice il
» cuore, che non lo rivedremo mai più. »

Un vecchio sacerdote di assidua famigliarità
nella casa dell'Ortis, e che gli era stato maestro di
greco, venne quella sera e ci narrò, che Jacopo
era andato alla chiesa dove Lauretta fu sotterrata.
Trovatala chiusa, voleva farsi aprire a ogni patto
dal campanaro ; e regalò un fanciullo del vicinato
perchè andasse a cercare del sagrestano che avea
le chiavi. S'assise, aspettando, sopra un sasso nel
cortile. Poi si levò ed appoggiò la testa su la porta
della chiesa. Era quasi sera, quando accorgendosi
di gente nel cortile senza più attendere si dileguò.
Il vecchio sacerdote avea udite queste cose dal
campanaro. Seppi alcuni giorni dopo, che Jacopo
sul far della notte era andato a trovare la madre di
Lauretta. « Era, mi diss'ella, assai tristo ; non mi
» parlò mai della mia povera figliuola, nè io l'ho
» nominata mai per non accorarlo di più : scen-

» dendo le scale mi disse : Andate , quando po-
» trete , a consolare mia madre. »

Per acquetare sua madre e i miei funesti presen-
timenti deliberai di accompagnarlo sino ad Ancona.
Egli frattanto tornava a Padova e smontò in casa
del professore C*** dove riposó il resto della notte.
La mattina accommiatandosi gli furono dal professore offerte lettere per certi gentiluomini delle isole
già Venete i quali nel tempo addietro gli erano stati
discepoli. Jacopo nè le accettò, nè le ricusò. Tornò
a piedi a' colli Euganei , e si pose subito a scrivere.

~~~~~~~~~~~~~~~~~

                                    Venerdì, ore 1.

E tu mio Lorenzo, mio leale ed unico
amico... perdona. Non ti raccomando mia
madre... io so che avrà in te un altro
figliuolo. O madre mia! ma tu non avrai
più il figlio sul seno di cui speravi di ripo-
sare il tuo capo canuto... nè avrai potuto
riscaldare queste labbra morenti co' tuoi
baci? e forse... tu mi seguirai! — Io vacil-
lava o Lorenzo... È questa la ricompensa
dopo ventiquattro anni di speranze e di

cure?... Ma sia così!... il cielo che ha tutto
destinato non l'abbandonerà... nè tu!

Lorenzo; finchè io non bramava che un
amico fedele, io vissi felice. Il cielo te ne
rimeriti! Ma t'aspettavi ch'io ti pagassi di
lagrime?... or via, ti consola... ti consola.
La mia vita ti sarebbe più dolorosa della
mia morte.

Queste carte le darai al padre di Teresa.
Raduna i miei libri e serbali per memoria
del tuo Jacopo. Raccogli Michele a cui lascio il mio oriuolo, questi miei pochi arredi,
e i danari che tu troverai nel cassettino del
mio scrittojo... Vieni, devi aprirlo tu solo:
v'è una lettera per Teresa; io ti prego di
recargliela secretamente tu stesso. Addio
addio.

Poi continuò la lettera ch'egli avea incomin-
ciato a scrivere a Teresa.

Torno a te, mia Teresa. Se mentre io viveva era colpa per te l'ascoltarmi... ascoltami adesso... io ti consacro le poche ore
che mi disgiungono dalla morte; e le consacro a te sola. Avrai questa lettera quando

io sarò esangue sotterra; e da quel momento
tutti forse incominceranno ad obbliarmi,
finchè niuno più si ricorderà del mio nome...
ascoltami come una voce che vien dal sepolcro. Tu piangerai i miei giorni svaniti al
pari di una visione notturna : tu piangerai
il nostro amore che fu inutile e oscuro
come le lampade che rischiarano le sepolture de' morti! — Oh sì! mia Teresa, dovevano pure una volta finir le mie pene : e la
mia mano non trema nell' armarsi del ferro
liberatore poichè abbandono la vita mentre
tu m' ami... mentre sono ancora degno di te,
e degno del tuo pianto, ed io posso sacrifi-
carmi a te sola, ed alla tua virtù. No; allora
non ti sarà colpa l'amarmi... ed io lo pretendo il tuo amore; io lo chiedo in vigore
delle mie sventure, dell' amor mio, e del
tremendo mio sacrificio. Ah se tu un giorno
passassi senza gettare un'occhiata su la terra
che coprirà questo giovine sconsolato... me
misero! io avrò lasciata dietro di me l'eterna
dimenticanza anche nel tuo cuore!

Tu credi ch' io parta. Io ?... ti lascierò in
nuovi contrasti con te medesima, ed in con-
tinua disperazione? E mentre tu m'ami, ed

(241)

io t'amo, e sento che t'amerò eternamente,
ti lascierò per la speranza che la nostra passione s'estingua prima de' nostri giorni ?
No ; la morte sola, la morte. Io mi scavo da
gran tempo la fossa, e mi sono assuefatto a
guardarla giorno e notte, e a misurarla freddamente... e appena appena in questi estremi
la natura rifugge e grida... ma io ti perdo,
ed io morrò. — Tu stessa, tu mi fuggivi; ci
si contendeano le lagrime... E non t'avve-
devi nella mia tremenda tranquillità ch'io
prendeva da te gli ultimi congedi, e ch'io
ti domandava l'eterno addio?

Che se il Padre degli uomini mi chiamasse a rendimento di conti, io gli mostrerò
le mie mani pure di sangue, e puro di delitti
il mio cuore. Io dirò: non ho rapito il pane
agli orfani ed alle vedove; non ho perseguitato l'infelice; non ho tradito; non ho
abbandonato l'amico; non ho turbata la felicità degli amanti, nè contaminata l'innocenza, nè inimicati i fratelli, nè prostrata la
mia anima alle ricchezze... Ho spartito il
mio pane con l'indigente; ho confuse le
mie lagrime con le lagrime dell'afflitto; ho
pianto sempre su le miserie della umanità..

Se tu mi concedevi una patria io avrei speso
il mio ingegno e il mio sangue tutto per
lei ; e nondimeno la mia debole voce ha
gridato coraggiosamente la verità : corrotto
quasi dal mondo, dopo avere sperimentati
tutti i suoi vizj... ah no ! i suoi vizj mi hanno
per brevi istanti forse contaminato, ma non
mi hanno mai vinto... ho cercato virtù nella
solitudine. Ho amato !... tu stesso, tu mi
hai presentata la felicità, tu l' hai abbellita
de' raggi della infinita tua luce, tu mi hai
creato un cuore capace di sentirla e di amarla... ma dopo mille speranze ho perduto
tutto ! ed inutile agli altri, e dannoso a me
stesso, mi sono liberato della certezza di
una perpetua miseria. Godi tu, Padre, de'
gemiti della umanità ; pretendi tu che ella
sopporti le sventure quando sono più violenti delle sue forze ? o forse hai conceduto
al mortale il potere di troncare i suoi mali
perchè poi trascurasse il tuo dono strascinandosi scioperato tra il pianto e le colpe ?
Ed io sento in me stesso che gli estremi
mali non hanno che la colpa o la morte. —
Consolati, Teresa, quel Dio a cui tu ricorri
con tanta pietà, se degna d'alcuna cura la

vita e la morte di una umile creatura, non ritirerà il suo sguardo neppure da me. Egli sa ch'io non posso resistere più, egli ha veduto i combattimenti che ho sostenuto prima di giungere alla risoluzione fatale... ed ha udito con quante preghiere l'ho supplicato, perchè mi allontanasse questo calice amaro. Addio dunque... addio all'universo! — O amica mia! la sorgente delle lagrime è in me dunque inesausta? io torno a piangere e a tremare... ma per poco; tutto in breve sarà finito. Ahi! le mie passioni vivono, ed ardono, e mi possedono ancora: e quando la notte eterna rapirà il mondo a questi occhi, allora solo seppellirò meco i miei desiderj e il mio pianto. Ma gli occhi miei lagrimosi ti cercano ancora prima di chiudersi per sempre. Ti vedrò, ti vedrò per l'ultima volta, ti lascierò gli ultimi addio, e prenderò da te le tue lagrime, unico frutto di tanto amore!

Io giungeva alle ore 5 da Venezia e lo incontrai pochi passi fuori della sua porta mentr'ei s'avviava appunto per dire addio a Teresa. La mia venuta improvvisa lo costernò, e molto più il mio divisamento

di accompagnarlo sino ad Ancona. Me ne ringraziava affettuosamente e tentò ogni via di distor-
mene; ma veggendo ch'io persisteva si tacque, e
mi richiese di andare seco lui sino a casa T***.
Lungo il cammino non disse mai nulla; andava
lento, ed aveva in volto una mestissima sicurezza:
ahi doveva pure accorgermi che in quel momento
egli rivolgeva nell' animo i supremi 'pensieri! Entrammo per la porta del giardino e quivi ferman-
dosi alzò gli occhi al cielo, e dopo alcun tempo
proruppe guardandomi : « Pare anche a te che
» oggi la luce sia più bella che mai ? »

Avvicinandoci alle stanze di Teresa io intesi la
voce di lei.... « Il cuore non si può cangiare : » nè
so se Jacopo che mi seguiva abbia udite queste parole; non ne parlò. Noi vi trovammo il marito
che passeggiava , e il padre di Teresa seduto nel
fondo della stanza presso ad un tavolino con la
fronte su la palma della mano. Restammo gran
tempo tutti muti. Jacopo finalmente, « Domattina,
» disse , non sarò più con voi; » ed alzandosi si
accostò a Teresa e le baciò la mano , ed io vidi le
lagrime su gli occhi di lei ; e Jacopo tenendola ancora per mano la pregava perchè facesse chiamare
la Isabellina. Le strida ed il pianto di quella fanciulletta furono così improvvise ed inconsolabili
che niuno di noi potè frenare le lagrime. Appena
ella udì ch'ei partiva gli si attaccò al collo e sin-

ghiozzando gli ripeteva : « O mio Jacopo perchè
» mi lasci ?... o mio Jacopo torna presto ; » nè
potendo egli resistere a tanta pietà , posò l'Isabellina fra le braccia di Teresa , e *Addio* , disse ,
addio.... ed uscì. — Il signore T*** lo accompagnò sino al limitare della casa e lo abbracciò più
volte , e lo baciò lagrìmando , lasciandoci senza
poter proferire parola : Odoardo che gli era dietro ne strinse la mano , augurandoci il buon
viaggio.

Era già notte : non sì tosto fummo a casa egli
ordinò a Michele di allestire il forziere , e mi
pregò instantemente perchè io tornassi a Padova
per prendere le lettere offertegli dal professore
C***. Io partii sul fatto.

Allora sotto la lettera che la mattina avea scritta
per me aggiunse questo poscritto :

Poichè non ho potuto risparmiarti il cor-
doglio di prestarmi gli uffìcj supremi... e già
m'era , prima che tu venissi , risoluto di scri-
verne al Parroco..., aggiungi anche questa
ultima pietà ai tanti tuoi benefìcj. Fa ch'io
sia sepolto , così come sarò trovato , in un
sito abbandonato , di notte , senza esequie ,
senza lapide , sotto i pini del colle che guarda

la chiesa. Il ritratto di Teresa sia sotterrato col mio cadavere.

23 marzo 1799.

L'amico tuo
JACOPO ORTIS.

Uscì nuovamente: alle ore 11 appiè di un monte due miglia discosto dalla sua casa, bussò alla porta di un contadino e lo destò domandandogli dell'acqua, e ne bevve molta.

Ritornato a casa dopo la mezzanotte, uscì tosto di stanza e porse al ragazzo una lettera sigillata per me, raccomandandogli di consegnarla a me solo. E stringendogli la mano: « Addio Michele! amami; » e lo mirava affettuosamente... poi lasciandolo a un tratto rientrò, serrandosi dietro la porta. Continuò la lettera per Teresa.

Ore 1.

Ho visitate le mie montagne, ho visitato il lago de' cinque fonti, ho salutato per sempre le selve, i campi, il cielo. O mie solitudini! o rivo, che mi hai la prima volta insegnato la casa di quella donna celeste! quante volte ho sparpagliati i fiori su le tue acque che passavano sotto le sue finestre! quante

volte ho passeggiato con Teresa per le tue
sponde, mentr'io, inebriandomi della voluttà di adorarla, votava a gran sorsi il calice
della morte.

Sacro gelso! ti ho pure adorato; ti ho
pure lasciati gli ultimi gemiti, e gli ultimi
ringraziamenti. Mi sono prostrato, o mia
Teresa, presso a quel tronco... quell'erba ha
bevute le mie lagrime; mi pareva ancora
calda dell'orma del tuo corpo divino... mi
pareva ancora odorosa. Beata sera! come tu
sei stampata nel mio petto!... io stava seduto
al tuo fianco, o Teresa, e il raggio della luna
penetrando fra i rami illuminava il tuo angelico viso! io vidi scorrere su le tue guance
una lagrima e l'ho succhiata, e le nostre
labbra... e i nostri respiri si sono confusi,
e l'anima mia si trasfondea nel tuo petto.
Era la sera de' 13 maggio, era giorno di giovedì. Da indi in quà non è passato momento
ch'io non mi sia confortato con la memoria
di quella sera: mi sono reputato persona sacra, e non ho degnata più alcuna donna di
un guardo credendola immeritevole di me...
di me che ho sentita tutta la beatitudine di
un tuo bacio.

T'amai dunque t'amai, e ti amo ancor
di un amore che non si può concepire che
da me solo. È poco prezzo, o mio angelo,
la morte per chi ha potuto udir che tu l'ami,
e sentirsi scorrere in tutta l'anima la voluttà
del tuo bacio, e piangere teco... Io sto col
piè nella fossa; eppure tu anche in questo
momento torni, come solevi, davanti a questi
occhi che morendo si fissano in te, in te che
sacra risplendi di tutta la tua bellezza. E fra
poco!... Tutto è preparato; la notte è già
troppo avvanzata... addio... fra poco saremo
disgiunti dal nulla, o dalla incomprensibile
eternità. Nel nulla? — Sì, sì; poichè sarò
senza di te, io prego il sommo Iddio, se non
ci riserba alcun luogo ov'io possa riunirmi
teco per sempre, lo prego dalle viscere
dell'anima mia, e in questa tremenda ora
della morte, perchè egli m'abbandoni soltanto nel nulla. Ma io moro incontaminato,
e padrone di me stesso, e pieno di te, e
certo del tuo pianto!... Perdonami, Teresa,
se mai...

Consolati, e vivi per la felicità de' nostri
miseri genitori; la tua morte farebbe male-
dire le mie ceneri.

Che se taluno ardisse incolparti del mio
infelice destino, confondilo con questo mio
giuramento solenne ch'io pronunzio gittan-
domi nella notte della morte : Teresa è innocente.

Addio, addio... accogli l'anima mia.

Il ragazzo, che dormiva nella camera contigua
all'appartamento di Jacopo, fu scosso come da
un lungo gemito : tese l'orecchio per intendere
s'ei lo chiamava ; aprì la finestra sospettando
ch'io avessi gridato all'uscio, poichè stava avvertito ch'io sarei tornato sul fare del dì ; ma chia-
ritosi che tutto era quiete e la notte ancora fitta,
tornò a coricarsi e si addormentò. Mi disse poi
che quel gemito gli avea fatto paura, ma che non
vi pose mente perchè il suo padrone soleva sempre
agitarsi fra il sonno.

La mattina, Michele dopo avere bussato e chiamato invano alla porta, sforzò il chiavistello e non
sentendosi rispondere nella prima stanza, s'innol-
trò palpitando, ed al lume della candela che ancora ardea gli si affacciò Jacopo immerso nel
proprio sangue. Spalancò le finestre chiamando
gente ; e poichè niuno accorreva, volò cercando
il chirurgo, ma non lo trovò perchè assisteva a una
moribondo ; volò al Parroco, ed anch'egli era

fuori per lo stesso motivo. Entrò ansante in casa
T*** piangendo e raccontando a Teresa la quale
fu prima ad abbattersi in lui, che il suo padrone
s' era ferito, ma che gli parea che non fosse ancora
morto.

Teresa dopo due passi tramortì; e restò per
lunga ora senza sensi fra le braccia di Odoardo. Il
signore T*** accorse sperando di salvare la vita
del nostro misero amico. Lo trovarono steso sopra
un sofà con tutta quasi la faccia nascosta fra i cus-
cini; immobile, se non che ad ora ad ora anelava.
S' era piantato un pugnale sotto la mammella sinistra; ma se l' era tratto dalla ferita, e gli era
caduto a terra. Il suo abito nero e il suo fazzoletto da collo stavano gittati sopra una sedia vicina. Era vestito del gilè, de' calzoni lunghi, e
degli stivali, e cinto di una fascia larghissima di
seta di cui un capo pendeva insanguinato perchè
egli forse, morendo, tentò di svolgersela dal
corpo. Il signore T*** gli sollevava lievemente
dalla ferita la camicia, che tutta inzuppata di
sangue gli si era attaccata sul petto : Jacopo si
risentì, ed alzò il viso verso di lui e guardandolo
con gli occhi nuotanti nella morte stese un braccio
per impedirlo, e tentava con l' altro di stringergli
la mano... ma ricascando con la testa su i guanciali, levò gli occhi al cielo e spirò.

La ferita era assai larga e profonda , e sebbene
non avesse colpito nel cuore, egli si affrettò la
morte perdendo il sangue che scorreva a rivi per
la stanza. Gli pendeva dal collo il ritratto di Teresa tutto nero di sangue rappreso se non che
era alquanto polito nel mezzo ; e le labbra insanguinate di Jacopo fanno congetturare ch' egli
nell' agonia baciasse la immagine della sua amica.
Stava su lo scrittojo la Bibbia chiusa , e sovr' essa
l' oriuolo ; e presso varj fogli bianchi, in uno de'
quali era scritto: *mia cara madre*: e da poche
linee cassate appena si potea rilevare, *espiazione...*
e più sotto, *di pianto eterno.* In un altro foglio
si leggeva soltanto l' indirizzo a sua madre, come
s' egli pentitosi della prima lettera ne avesse inco-
minciata un' altra che non gli bastò il cuore di ter-
minare.

Appena io giunsi da Padova ove fui costretto
ad indugiare più ch' io non voleva , rimasi spaventato dalla calca de' contadini che piangevano sotto
i portici del cortile ; ed altri mi guardavano atto-
niti , e taluno mi pregava di non salire. Balzai
tremando nella stanza e mi s' appresentò il padre
di Teresa gettato disperatamente sopra il cadavere , e Michele ginocchione con la faccia per terra.
Io non so come ebbi tanta forza d' avvicinarmi e
di porgli una mano sul cuore presso la ferita....
Era morto, freddo. Mi mancava il pianto e la

voce.... io stava guardando stupidamente quel sangue. Venne finalmente il Parroco e subito dopo il chirurgo , i quali con alcuni famigliari ci strapparono a forza dal fiero spettacolo. Teresa visse in tutti que' giorni fra il lutto de' suoi in un mortale silenzio. — La notte mi strascinai dietro il cadavere che da tre lavoratori fu sotterrato sul monte de' pini.

CPSIA information can be obtained
at www.ICGtesting.com
Printed in the USA
BVHW080001270321
603526BV00002B/99